COLLECTION

DE

LETTRES AUTOGRAPHES

Vente à l'Hôtel des Commissaires-priseurs, Salle n° 7

Les 11, 12 et 13 Février 1878

A 2 HEURES TRÈS-PRÉCISES DE L'APRÈS-MIDI

Exposition publique le dimanche 10 Février

DE 2 HEURES A 5 HEURES

Mᵉ CHARLES PILLET

COMMISSAIRE-PRISEUR, RUE DE LA GRANGE-BATELIÈRE, 10

ÉTIENNE CHARAVAY	**FRÉDÉRIC NAYLOR**
RUE DE SEINE, 51	4, MILLMAN STREET, BEDFORD ROW
Paris.	Londres.

1878

ABRÉVIATIONS

L. A. S.   Lettre autographe signée.
L. A.   Lettre autographe.
L. S.   Lettre signée.
P.   Pièce.
p.   Page.

ORDRE DES VACATIONS

AVIS

Il y aura dimanche 10 février, de deux à cinq heures, exposition publique, à l'Hôtel des Commissaires-Priseurs, rue Drouot, des pièces qui seront vendues le lendemain.

Les pièces seront visibles chez M. Étienne Charavay, du 6 au 9 février, de une heure à cinq heures.

L'authenticité des autographes est garantie.

Huit jours sont accordés pour la vérification des pièces; passé ce délai, aucune réclamation ne sera admise.

Les acquéreurs payeront cinq pour cent en sus du prix d'adjudication.

M. ÉTIENNE CHARAVAY, archiviste paléographe, chargé de la vente, remplira les commissions qu'on voudra bien lui confier.

Le présent catalogue se distribue aussi à l'étranger chez les libraires suivants :

LONDRES : A.-W. Thibaudeau, 18, Green street, W. C., St-Martin's place.
BRUXELLES : Olivier.
BERLIN : A. Spitta.
LEIPZIG : Otto-Aug. Schulz.
AMSTERDAM : Frederick Muller.
STOKHOLM : Samson et Wallin.

CATALOGUE

DES

LETTRES AUTOGRAPHES

COMPOSANT LA COLLECTION

DE

Feu M. ALFRED SENSIER

La Vente aura lieu à Paris, hôtel Drouot, Salle n° 7, les 11, 12 et 13 février 1878
à deux heures très-précises de l'après-midi

par le ministère de

M. CHARLES PILLET, COMMISSAIRE-PRISEUR
Rue de la Grange-Batelière, 10

ASSISTÉ DE M. ÉTIENNE CHARAVAY
Archiviste-paléographe, expert en autographes
Rue de Seine, 51

ÉTIENNE CHARAVAY	FRÉDÉRIC NAYLOR
RUE DE SEINE, 51	4, MILLMAN STREET, BEDFORD ROW
PARIS	LONDRES

1878

PRÉFACE

EU de jours après la mort de M. Alfred Sensier, j'insérai, dans le numéro 280 de mon journal *l'Amateur d'autographes,* la notice suivante que je reproduis en tête du présent catalogue :

« Le monde des curieux et des lettrés vient de faire une perte sensible dans la personne de M. Alfred Sensier, décédé à Paris le 7 janvier 1877, à l'âge de soixante et un ans. Qu'il me soit permis d'esquisser ici la vie et les travaux de cet homme si distingué par les qualités du cœur et de l'esprit.

« M. Alfred Sensier naquit à Paris le 25 décembre 1815. Il était fils de J.-B.-Théodore Sensier, notaire sous l'Empire et sous la Restauration, un des fondateurs de la Société des bibliophiles. M. Sensier, on le voit, était à bonne école, et l'on n'a pas lieu de s'étonner s'il eut, dès sa jeunesse, le goût des livres et des curiosités. Son père, témoin des principales scènes de la Révolution, lié avec des hommes militants de cette mémorable époque, appelé par ses fonctions à connaître toutes les notabilités du régime impérial, berça son fils de ses récits d'un intérêt puissant, et lui inculqua le goût de l'histoire. Il avait recueilli, outre un grand nombre de livres rares, beaucoup d'autographes de personnages célèbres, notamment de l'époque révolutionnaire : il avait obtenu de conventionnels des documents précieux. Le jeune Alfred lisait avec avidité ces lettres pleines de révélations. En même temps son goût pour les arts se manifestait de plus en plus : bientôt il se lia avec de jeunes artistes alors inconnus, mais dont il sut deviner le génie. Je veux parler de Théodore Rousseau, de Jean-François Millet, de Narcisse Diaz, qui furent les amis les plus intimes et les plus constants de M. Alfred Sensier.

« En 1848, M. Sensier entra au ministère de l'Intérieur, où il devint chef du secrétariat. Il ne prit sa retraite qu'en 1872, après avoir reçu la croix de la Légion d'honneur, qui n'était que la récompense trop tardive de ses services et de ses travaux. Durant ces vingt-quatre années, il ne négligea pas ses études artistiques. Il publia une traduction des *Mémoires de Rosalba,* qu'il enrichit de précieuses notes, et il collabora activement au journal *l'Époque,* fondé par M. Ernest Feydeau, et à la *Revue internationale des Arts.* C'est dans ce dernier recueil qu'il consacra à son ami Théodore Rousseau une belle étude dont il fit un volume justement estimé. Au début de la guerre, il suivit à Tours la délégation du Gouvernement de la Défense nationale ; à son retour, déjà brisé par les désastres de la patrie, il fut frappé par un irréparable malheur : il perdit en quelques jours sa femme et deux enfants. Ceux qui l'ont connu savent que, s'il put survivre à l'effondrement de son bonheur, c'est qu'il lui restait une fille à laquelle il se consacra tout entier. Il trouva aussi dans l'étude un apaisement à ses maux, et il écrivit un beau livre sur le paysagiste Georges Michel. Il augmenta dès lors avec passion — pour oublier ses chagrins, me disait-il souvent — ses collections de dessins et d'autographes, apportant dans son choix le goût et le tact parfaits du véritable connaisseur. Il perdit, en 1875, son ami le peintre Millet. Ce fut pour lui un deuil bien sensible. M. Sensier résolut aussitôt de rendre à la mémoire de Millet l'hommage qu'il avait rendu à celle de Rousseau. Mais déjà une maladie cruelle, qui affectait sa main droite, et une anémie redoutable paralysaient la volonté de l'écrivain. Un mieux se manifesta, et M. Sensier dicta fiévreusement plusieurs chapitres. Au printemps de l'année dernière il se rendit, selon sa coutume, dans sa charmante maisonnette de Barbizon — son échoppe, comme il l'appelait plaisamment — et là, dans cette forêt de Fontainebleau qu'il admirait si passionnément et qu'il avait tant de fois parcourue et fouillée avec ses illustres amis, il acheva son œuvre. Pendant une visite que je lui fis à cette époque il me raconta, en me montrant la maison où si récemment était mort Millet, comment il avait connu et aimé ce grand artiste, comment, avec une foi inébranlable dans le génie de son ami, il l'avait soutenu dans les commencements si difficiles de sa carrière. Puis il me fit admirer des dessins et des croquis de Rousseau et de Millet, et, pour compléter cette intéressante leçon, il m'entraîna dans la forêt. Là, avec une émotion communicative, il m'initia aux beautés du Bas-Bréau, m'expliquant où et comment ses amis avaient coutume de travailler, et pourquoi ils avaient si merveilleusement reproduit les beautés infinies de cette admirable nature. Il semblait avoir recouvré sa jeunesse et sa vigueur d'autrefois, et il rappelait gaiement le temps où, revenant de Paris, il retrouvait à mi-chemin de Barbizon, près du chêne de Clovis, Rousseau, Millet et Diaz, épiant des effets nouveaux et les fixant à jamais sur la toile.

« On me pardonnera ces souvenirs rétrospectifs, mais ils sont encore si vivants en moi, que j'ai peine à croire que celui qui en est l'objet nous a quittés pour toujours.

« Après un court séjour en Lorraine, auprès de sa vieille mère, M. Sensier revint à Barbizon. En novembre, il quitta sa maisonnette et rentra à Paris dans son logis de la rue Chaptal. Il s'affaiblissait visiblement : atteint d'une bronchite, il s'alita et ne se releva plus. Même pendant cette dernière maladie, il s'occupait de ses chères collections. Il s'intéressait passionnément à la rédaction du catalogue de M. B. Fillon, et, malgré sa faiblesse, il en lut les premières épreuves. Mais un nouveau deuil, la mort de son ami Diaz, l'atteignit sur ces entrefaites : M. Sensier sentit dès lors la vie se retirer de lui. Il dit adieu à sa famille, à ses amis, car il ne se faisait pas d'illusion sur sa fin prochaine. S'il regrettait de quitter ce monde, c'est parce qu'il y laissait une fille tendrement aimée, des parents et des amis bien chers. Il recommanda spécialement à son ami, le numismatiste Feuardent, le soin de ses collections. Puis il s'éteignit doucement, avec la sérénité de celui qui a accompli dignement sa tâche, le dimanche 7 janvier 1877, à cinq heures du soir. Ses obsèques eurent lieu le 9 janvier à l'église de la Trinité, au milieu d'une réunion d'amis justement éplorés. On a transporté son corps dans le cimetière de Chailly, près Barbizon, où M. Sensier repose désormais à côté de Rousseau et de Millet.

« M. A. Sensier était doué d'un esprit droit : aussi ses ouvrages de critique artistique ont-ils une réelle valeur. Si parfois il était entraîné par la passion, c'était à la suite d'idées généreuses. D'ailleurs, ce tempérament un peu passionné était tempéré par une extrême bonté de cœur. Sa conduite envers les peintres Rousseau et Millet et envers tant d'autres personnes en est une preuve irrécusable. Comme amateur, nul n'avait le goût plus sûr, le tact plus parfait. Ses collections en témoignent surabondamment. Elles contiennent, en effet, des tableaux remarquables d'Eugène Delacroix, de Th. Rousseau, de Millet, de Jules Dupré, de Diaz et de Corot. Sa réunion de dessins est merveilleuse : Poussin, Rubens, Albert Durer et Claude Lorrain, parmi les anciens; Fragonard,

Prud'hon, Delacroix, Rousseau et Millet, parmi les modernes, sont représentés par des spécimens d'une éclatante beauté.

« Sa collection d'autographes, commencée dès l'âge de vingt ans, n'est pas moins précieuse. Elle ne comprend que des pièces de choix. Elle est divisée par séries : Rois de France, Écrivains, Artistes, Révolution française, etc., et dans chacune d'elles figurent les noms principaux. La partie révolutionnaire est, sans contredit, la plus riche et celle pour laquelle M. Sensier a fait les plus grands sacrifices. Je ne crois pas qu'il en existe de plus complète. M. Sensier possédait d'ailleurs à fond l'histoire de la Révolution; il avait, relativement aux autographes de cette période, une érudition profonde, dont j'ai eu souvent l'heureuse fortune de pouvoir bénéficier. Considéré comme un ami par M. Sensier, que je respectais et aimais sincèrement, je lui ai dû de précieux enseignements. Les lecteurs de la *Revue des documents historiques* savent combien celui que nous pleurons se plaisait à faire profiter le public studieux des trésors qu'il amassait.

« M. Sensier n'ignorait pas qu'un jour ses collections, formées avec tant d'amour, seraient dispersées. Cette idée ne le contrariait nullement. Seulement, plusieurs fois il me fit promettre de rédiger de sa collection d'autographes un catalogue raisonné qui pût servir aux érudits. Hélas! je ne croyais pas que le moment d'accomplir ma promesse viendrait si tôt. En attendant de rendre ce suprême hommage à la mémoire de M. Sensier, j'ai tenu à rappeler brièvement ce que fut cet homme de bien, ce lettré délicat, ce fin critique, que n'oublieront jamais ceux qui ont eu le bonheur de le connaître. Son nom — ne fût-il pas conservé par ses ouvrages — demeurera à jamais protégé par celui des grands paysagistes, Rousseau et Millet, qui durent tant à son amitié et à ses conseils, et dont il fut l'historien. »

Depuis la publication de cet article nécrologique, j'ai tenu ma promesse : j'ai commencé la rédaction du présent catalogue sur les bords de cette forêt de Fontainebleau, si aimée de M. Sensier, et je viens, après plusieurs mois d'un travail assidu, de terminer ma tâche. J'ai essayé de mettre en lumière les éléments historiques que fournissait la collection, et j'espère que ce catalogue ne sera pas indigne de la mémoire de M. Sensier et du public lettré auquel il est destiné.

La collection de M. Sensier est divisée en onze séries :

1° Chefs de gouvernement;	4° Hommes de guerre;
2° Hommes d'État;	5° Savants et érudits;
3° Révolution française;	6° Écrivains;

7° Artistes;	9° Compositeurs de musique;
8° Madame de Sévigné et sa famille;	10° Femmes;
	11° Divers.

Les séries sont classées par ordre chronologique de naissance, sauf la troisième série, consacrée à la Révolution française. Je crois inutile de citer les noms les plus importants : la liste en serait trop longue. Il me suffit de dire que toutes les pièces sont remarquables ou par leur rareté ou par leur intérêt, et que la série révolutionnaire est la plus complète qui ait été formée.

Quoique la passion intelligente et le goût exquis de M. Alfred Sensier aient été merveilleusement mis en lumière par la vente de ses collections de tableaux et de dessins, le présent catalogue, seul souvenir d'une collection d'autographes et de documents historiques amassés avec tant d'amour, en sera un nouveau et non moins éclatant témoignage. Si cet inventaire fournit dans l'avenir d'utiles renseignements aux historiens, c'est à M. Sensier qu'en devra revenir tout l'honneur : le rédacteur ne peut que solliciter, pour son humble travail, l'indulgence des curieux et des érudits.

ÉTIENNE CHARAVAY.

CHEFS DE GOUVERNEMENT

FRANCE

1. **PHILIPPE IV**, dit *le Bel*, n. à Fontainebleau, 1268, roi le 5 oct. 1285, m. à Fontainebleau, 1314.

   Lettres, sur vélin ; Paris, août 1289, 1 p. in-4 oblong.

   Important document historique, en français, sur la reconstruction en pierre des ponts de Melun, « qui chooiz et rompuz estoient en l'an M. CC. et quatre-vinz. »

2. **CHARLES V**, n. à Vincennes, 1337, roi le 8 avril 1364, m. au château de Beauté-sur-Marne, 1380.

   L. S., sur vélin, à Nicolas Braque ; Paris, 7 mai (1372), 1 p. in-fol. oblong.

   Il rappelle qu'il avait accordé à son cousin le comte d'Alençon que, moyennant 2,000 francs, ses sujets seraient quittes des fouages, mais qu'il a mis à néant cette composition comme préjudiciable à ses intérêts.

3. **CHARLES VI**, n. à Paris, 1368, roi le 16 sept. 1380, m. 1422.

   L. S., sur vélin (aux bourgeois de Reims) ; Paris, 29 juin, 1 p. in-fol. oblong.

   Son ancien ennemi et adversaire d'Angleterre s'apprêtant à monter en mer et descendre brièvement en ce royaume, le Roi prend ses précautions pour défendre ses provinces. En conséquence il les engage à mettre garnison dans le château de Portemars.

4. **MARIE D'ANJOU**, fille de Louis II, roi de Sicile, et d'Yolande d'Aragon, n. 1404, mariée en 1422 à Charles VII, m. dans l'abbaye de Châtelliers en Poitou, 1463.

   L. S. à Bernard Deschamps, grenetier de Pésenas ; Amboise, 13 mai, 1 p. in-8 oblong. Pièce doublée.

   Elle lui demande de lui payer, sélon qu'il a été convenu, 100 francs par mois.

5. **LOUIS XI**, n. à Bourges, 1423, roi le 21 juillet 1461, m. au Plessis-lès-Tours, 1483.

L. A. S. à Claude Cot, trésorier du Dauphiné; Orléans, 31 mars 1465 (1466), 1 p. in-4.

Pièce historique. Il rappelle le service éminent que le feu duc de Milan (Francesco-Alessandro) lui a rendu en lui envoyant son fils aîné et ses gens « à ma necessyté et à ses despens » (pour l'aider pendant la guerre de la ligue du bien public). Le nouveau duc (Galeazzo-Maria) allant prendre possession de ses Etats, le Roi est tenu à l'obliger. « Toutes voyes d'argent content n'en ay point à cete heure, mes si fault il pour mon honneur, quelque perte ou dommaige que je y puisse avoir, que pour le moins soit delyvré à ses gens pour ayder à eulx en aller depuys le Daufyné jucques en terre de Milan la somme de quatre mille escuz. Sy vous prye le plus fort que je puys que vous empruntez cete somme à Lyon ou ailleurs, eu manyère qu'ils la puyssent avoyr prestement..... »

6. **CHARLES VIII**, n. à Amboise, 1470, roi le 30 août 1483, m. 1498.

L. S. aux bourgeois, manants et habitants de la ville de Lyon; Vienne, 2 agût (1495), 1/2 p. in-4 oblong.

Il leur envoie le sieur de Clérieu.

7. **LOUIS XII**, n. à Blois, 1462, roi le 7 avril 1498, m. à Paris, 1515.

L. A. S. au marquis de Mantoue; (1511), 1/2 p. in-fol. Fortement mouillée dans la marge.

Lettre d'introduction de Bonnyvet auprès du marquis.

8. **JEANNE DE FRANCE**, fille de Louis XI, première femme de Louis XII, qui la répudia à cause de sa laideur, retirée à Bourges, où elle fonda l'ordre de l'*Annonciation*, béatifiée par le pape Benoît XIV, n. 1464, m. 1504.

L. S. à son oncle le comte de Dunois; le Plessis, 12 juillet, 1/2 p. in-4. Pièce rare.

Elle demande de l'argent pour payer les pauvres serviteurs de son mari.

9. **ANNE DE BRETAGNE**, femme de Charles VIII, puis de Louis XII, n. à Nantes, 1477, m. 1514.

L. S., avec la souscript. aut., à Don Ferrand, Don Philippe et Dona Jehanne, rois et princes de Castille; Plessis-lèz-Tours, 24 juin (1506), 1/2 p. gr. in-fol. oblong, trace de cachet. Légères déchirures et raccommodages n'atteignant pas le texte.

Elle les prie de permettre à ses sujets du pays de Bretagne de négocier en liberté dans le royaume de Castille.

10. **FRANÇOIS Ier**, n. 1494, roi le 1er janv. 1515, m. 1547.

L. A. S. à l'Empereur (Charles-Quint), 1 p. in-4.

Lettre de créance pour son ambassadeur M. de Calvimont, second président en sa cour de Parlement à Bordeaux. — On lit derrière la cote suivante : « Lettre du roy de France aportée par l'ambassadeur président de Bourdeaulx le ixe de juing. »

11. **LOUISE DE SAVOIE**, duchesse d'Angoulême, mère de François Ier, régente de France, n. 1476, m. 1531.

L. A. S. à l'empereur Charles-Quint; Lyon, 28 avril (1525), 1/2 p. in-4, trace de cachet.

Pièce écrite après la bataille de Pavie. Elle lui envoie son conseiller l'archevêque d'Embrun « pour les causes que je luy ay chargé vous dyre. »

12. **HENRI II**, n. 1518, roi le 31 mars 1547, m. 1559.

L. S., avec la souscription et 5 lignes aut., au duc de Ferrare; Cateau-Cambresis, 20 sept. 1553, 1 p. in-fol., cachet.

Il le remercie vivement des services qu'il lui a rendus et ajoute de sa main : « Asurés-vous, mon oncle, qu'il n'y aura une seulle faute en tout ce que vous a proumys l'évesque de Lodesve et que je ne seray jamais ingrat envers vous et les vostres de l'ayde et secours que je resoy de vous au besoing. »

13. **FRANÇOIS II**, n. 1544, roi le 10 juillet 1559, m. 1560.

L. A. S. au Roi son père; Saint-Germain-en-Laye, 20 juillet (1552), 1/4 de p. in-fol., cachet. Précieuse pièce.

Lettre d'enfant, où on voit encore les traces de la réglure. « Monseigneur, ayant entendu vostre désiré retour en l'heureux succès de voz entreprinses, après en avoir loué Dieu n'ay voulu faillir vous envoyer La Garde, présent porteur, pour par luy me recommander très-humblement à vostre bonne grace... »

14. **MARIE STUART**, femme de François II, n. 1542, décapitée le 18 fév. 1587.

L. A. S. à l'archevêque de Glasgow, son ambassadeur auprès du Roi très-chrétien; Sheffield, 12 février (1576), 1 p. 1/4 in-fol., trace de cachet.

Elle le remercie de sa montre « qui me playt tant pour ces jolyes devises » et lui recommande de ne pas oublier ses armoiries. Elle lui envoie trois barbets et deux autres chiens pour les essayer et ensuite les offrir de sa part au Roi très-chrétien. « Je suis prisonnière et ne puis rendre conte des chiens que de leur beaulté, car je n'ay pas la libertay d'aller à cheval ni à la chasse. »

15. CHARLES IX, n. 1550, roi le 5 déc. 1560, m. 1574.

L. A. S. à son frère le prince de Navarre (depuis Henri IV); (1571), 1/2 p. in-fol. Un peu jaunie.

Précieuse lettre inspirée par Catherine de Médicis et qui est un des premiers artifices dont l'ensemble assura le succès de la Saint-Barthélemy. — Charles IX invite le prince de Navarre à venir le voir à Blois. « Je vous prie ne y failir, car nous irons ensemble à la chase et ferons si bone chère que je suis asuré que ne serés mary de me estre venu voir. »

16. HENRI III, n. 1551, roi le 31 mai 1574, assassiné en 1589.

L. A. S. aux membres de son conseil des finances, 2 p. in-fol.

Relative aux 100,000 écus dont il a besoin pour l'armée d'Auvergne.

17. HENRI IV, n. 1553, roi le 1er août 1589, assassiné en 1610.

L. A. S. à M. de Bellièvre, 1 p. in-4 oblong.

Il lui envoie le sac de papiers dont il lui a parlé et le prie de s'occuper de son affaire.

18. HENRI IV.

L. S. au comte de Vaudemont, gouverneur de Toul et de Verdun; Paris, 8 sept. 1599, 1/2 p. in-fol., cachet.

Il lui annonce que, suivant la coutume de ses prédécesseurs, il met des garnisons dans les villes de Verdun et de Toul, pour les conserver en son obéissance, et lui donne le nombre des compagnies qui doivent y être placées, avec les noms des capitaines.

19. MARIE DE MÉDICIS, seconde femme de Henri IV, n. 1573, m. 1642.

L. A. S. à son fils le duc d'Orléans; Lyon, 13 mai (1630), 1 p. in-4, cachets et soies.

Elle lui envoie de ses nouvelles et l'assure qu'elle fera tous ses efforts pour maintenir la bonne intelligence entre lui et son frère.

20. LOUIS XIII, n. 1601, roi le 13 mai 1610, m. 1643.

L. A. S. à Bouthillier; Monceaux, 14 juin 1635, 1 p. 3/4 in-4, cachets brisés.

Il vient d'écrire au cardinal de Richelieu relativement à sept ou huit de ses gens d'armes qui faisaient de grands désordres ici autour. « Si mes compagnies avoit désobey à mondit cousin en la moindre chose du monde, je les ferois chatier exemplerement. Ausi ne doit-il point trouver mauvais ce que j'ay fait aux siens avec toute la douceur qu'il se peut en telle afaire. »

21. LOUIS XIV, n. 1638, roi en 1643, m. 1715.

L. A. S. au chancelier Le Tellier; camp devant Doësbourg, 21 juin (1672), 2 p. 1/2 in-4, cachets et soies.

Magnifique lettre, écrite neuf jours après le célèbre passage du Rhin et le jour même où Doësbourg se rendait au Roi. — Il se réjouit de ses prospérités et de l'annonce qu'il a eue de la naissance d'un garçon (Louis-François, né le 14 juin 1672 et mort le 4 novembre suivant). Il s'oppose à ce que son fils le Dauphin paraisse dans les grandes occasions en public en occupant la place royale et approuve le sentiment du chancelier à ce sujet.

22. LOUIS XIV.

L. A. à sa sœur (Henriette d'Angleterre, duchesse d'Orléans); ce vendredi, 1 p. 1/2 in-4.

Précieuse lettre, fort tendre, où il exprime son regret de ne pas être près d'elle et son espoir de la voir bientôt. « Si je ne croiois vous voir demain, je ne sait quel parti je prendrois et si je pourrois m'enpescher de faire un voyage au près de vous. Faittes que touttes les dames ne m'oublie pas et vous souvenés de l'amitié que je vous ai promise... »

23. LOUIS XIV.

Réponse de 11 lignes aut. en marge d'une lettre aut. sig. à lui adressée par Hugues de Lionne, ministre des affaires étrangères, 1 p. in-fol., cachets du roi avec l'adresse de sa main.

Le marquis de Fuentès, ambassadeur d'Espagne, demande à assister avec ses gens, incognito, à un ballet qui sera donné devant la Cour. Le roi répond qu'il n'y a pas à s'en occuper, Noailles ayant fait garder de bonnes places au marquis.

24. LOUIS XIV.

Réponse autographe en marge d'une lettre autographe de *Colbert*, datée de Sceaux, 8 juin 1683; Bellégarde, 13 juin 1683, 3 p. in-fol.

Précieux document dans lequel Colbert rend compte au Roi de l'état précaire des finances. Il ne peut faire face aux dépenses. — Louis XIV répond en marge que la grande dépense lui fait beaucoup de peine, mais qu'elle est parfois nécessaire, surtout pour les galères. « La misère me fait grand peine. Il faudra faire tout ce que l'on pourra pour soulager les peuples et je souhaitte de le pouvoir bientost. »

25. PHILIPPE DE BOURBON, duc d'Orléans, régent de France pendant la minorité de Louis XV (1er sept. 1715-22 fév. 1723), n. 1674, m. 8 déc. 1723.

L. S.; camp de Guastalla, 7 août 1706, 3 p. in-fol. Légères taches.

Toute relative aux affaires d'Italie, aux desseins du duc de Parme, aux mouvements du prince Eugène etc.

26. LOUIS XV, n. 1710, roi le 1er sept. 1715, m. 1774.

8 L. A. à Mme Adélaïde; 9 mai au 1er nov. 1744, 4 p. in-4, adresses et cachets.

Lettres écrites pendant la campagne de Flandre, en 1744. En voici une courte analyse :

1. Maubeuge, 9 mai. — Il annonce qu'il se porte bien et retourne aujourd'hui à Valenciennes.

2. Camp devant Menin, 23 (mai). — Il est dans un couvent de filles où elle ne serait pas mal. « Adieu, chère fille... Je suis gaillard, je vous en souhaitte autant et vous embrasse de tout mon cœur. »

3. Camp sous Menin, 8 juin. — Il va aujourd'hui à Lille pour laisser déblayer le camp qu'on va reporter devant Ypres. Il parle des chevaux que monte sa fille. Puisqu'elle ne veut pas demeurer ici, il n'y retiendra pas d'appartement pour elle. « Cependant les hospitalières sont bien bonnes filles et la maison est bien belle. »

4. Camp devant Ypres, 17 juin. — « Quand on a douze ans l'on n'est plus un enfant, chère fille, mais pour cela il faut que la raison s'accorde avec l'âge, car sans cela l'on est toujours un enfant. »

5. Camp sous Ypres, 26 juin. — Il la remercie de sa fanfare, mais il la croit difficile à sonner. « En revanche je vous envoie le plan d'Ypres qui vient de se rendre à nous. »

6. Metz, 5 août. — Il la remercie de la part qu'elle prend aux avantages que ses troupes ont remportés en Piémont. Il est arrivé à Metz hier et compte en repartir dimanche, pour marcher du côté d'Alsace. (C'est le 8 août que Louis XV tomba malade.)

7. Camp devant Fribourg, 17 octobre. — Il ne sait pas encore s'il reviendra à Paris pour la Toussaint. « Notre siège n'avance pas comme je le désirerois, mais nous approchons des jours critiques et décisifs. »

8. Camp devant Fribourg, 1er novembre. — Il ne sait quand il partira, mais toutefois cela ne peut pas durer longtemps. (Ce même jour, en effet, Fribourg capitula, et Louis XV partit le lendemain pour Paris, où il arriva le 13 novembre.)

27. LOUIS XV.

Réponse de 16 lignes aut. sig. en marge d'une lettre signée de *Lamoignon;* 17 mai 1751, 4 p. in-fol.

Intéressante lettre sur les remontrances du Parlement.

28. LOUIS XVI, n. 1754, roi le 10 mai 1774, décapité le 21 janv. 1793.

L. A. S. au roi d'Espagne ; Versailles, 8 déc. 1786, 2 p. in-4, cachets et soies.

Pièce historique sur les démêlés qui existaient entre le roi d'Espagne et son fils le roi de Naples. « Je crois remplir les devoirs d'un bon parent et d'un ami commun et segonder les pieuses intentions de V. Majesté, en communiquant au Roy son fils ce qu'elle me fait connoistre des motifs qui ont provocqués sa sévérité contre un fils chéri, en une occasion dont je désire bien qu'il profitte pour se rétablir dans les bontés et la confiance d'un père qu'il ne chérit pas moins qu'il le respecte. »

29. MARIE-ANTOINETTE D'AUTRICHE, femme de Louis XVI, n. 1755, décapitée le 16 oct. 1793.

1º L. A. (à la comtesse d'Ossun); ce jeudi 21, 1/2 p. in-8.

Lettre de condoléances sur la perte que la princesse vient de faire. — Cette pièce, saisie aux Tuileries, est signée par *Roland, Laloy* et *Roussel.*

2º P. S. (par le secrétaire de la main), sur vélin; 28 mai 1781, 1 p. in-fol. oblong.

Brevet de survivance de dame d'atours de la reine accordé à la comtesse d'Ossun. — Cette pièce, saisie aux Tuileries, porte les mêmes signatures que la précédente.

30. NAPOLÉON Iᵉʳ, n. 1769, empereur des Français le 18 mai 1804, m. 1821.

L. S., sig. aussi par les amis de la liberté et de l'égalité d'Ajaccio, au nombre de 106, aux représentants du peuple; Ajaccio, 1ᵉʳ avril 1793, 6 p. in-fol.

Document des plus importants dans lequel ils réclament énergiquement contre le despotisme du directoire du département d'Ajaccio, dont ils demandent la mise en accusation. « Tandis que le tiran vient d'expirer à Paris, que tout promet liberté entière et absolue, le peuple dans le département de Corse se trouve sans liberté politique et sans sureté individuelle. » Après avoir exposé leurs griefs, ils réclament, pour l'honneur de l'humanité, que la Bastille de Corte soit démolie. « Le mot de Bastille devrait être à jamais effacé du vocabulaire. » Parmi les signataires on remarque les noms suivants : *Louis Buonaparte, Fesch, Ramolino, Ornano, Abbatucci, Santucci, Bartolini, Moltedo,* etc. La signature de Napoléon Bonaparte n'est que la soixante-troisième.

31. NAPOLÉON Iᵉʳ.

L. S., avec 6 lignes autographes, au maréchal Soult; Finckestein, 5 juin 1807, 3 heures après-midi (ces mots de la main de Napoléon), 1 p. 1/2 in-4.

Pièce historique par laquelle il le prévient que le maréchal Ney et le prince de Ponte-Corvo ont été attaqués. Il y a donc un mouvement chez l'ennemi, quoiqu'il soit absurde de sa part d'engager une affaire générale aujourd'hui que Dantzig est pris. Napoléon ajoute ensuite de sa main : « Je vous remercie sur ce que vous me dites relativement à la mort du petit Napoléon (le premier fils de Louis). Je compte beaucoup sur vous et vos braves. Mettez à l'ordre que Neisse a capitulé. Vous sentez l'importance de cette place. Faites-la sentir. »

32. NAPOLÉON Ier.

Apostille de 2 lignes aut., sig. N., sur un rapport de Meneval; (1810), 3 p. 1/4 in-fol.

Pièce relative aux sommes dépensées au petit pont de Souppes, département de Seine-et-Marne, illégalement et dans l'intérêt du préfet, propriétaire de l'aciérie de Souppes.

33. JOSÉPHINE, première femme de Napoléon Ier, n. 1763, m. 1814.

L. S. à Botot, secrétaire de Barras; 4 ventose, 1 p. 1/4 in-8, cachet avec l'initiale de son prénom.

Relative à une pétition concernant les citoyennes Montmorin, Menou et La Roche, que Barras a promis d'apostiller. « Dites à Barras que je suis depuis trois jours dans mon lit, malade d'un rhume, que c'est bien mal à lui de n'être pas venu me voir, et qu'il faut être bien son amie pour le lui pardonner. »

34. MARIE-LOUISE D'AUTRICHE, seconde femme de Napoléon Ier, n. 1791, m. 1847.

L. A. S., en français, au marquis de Bausset ; Schœnbrunn, 27 fév. 1816, 1/2 p. in-4. Le nom du marquis, répété trois fois dans la lettre, a été effacé.

Elle a reçu avec regret sa démission de la charge de grand-maître de sa maison et lui conserve le titre de grand-maître honoraire de son palais. Elle espère que Sa Majesté Louis XVIII permettra au marquis de porter ce titre.

35. LOUIS XVIII, n. 1755, roi le 6 avril 1814, m. 1824.

L. A. S. « à Messieurs les François réunis à Zutphen »; Hamm, 8 fév. 1793, 1/2 p. in-8, enveloppe et cachet de cire noire.

Pièce historique, écrite après la mort de Louis XVI et où il les remercie de la part qu'ils prennent à sa juste douleur. « Elle ne peut être adoucie que par l'espérance de venger le sang du Roi mon frère, de replacer le Roi mon neveu sur son trône, de briser les fers de ma famille et de rendre à ma patrie sa religion, son roi et son antique constitution... »

36. CHARLES X, n. 1757, roi le 16 sept. 1824, m. 1836.

L. A. S. au comte de Vérac; Edimbourg, 8 avril 1803, 1 p. 1/4 in-4, cachet.

Belle lettre où il parle de Mme de Polastron et de la mort de la duchesse de Guiche.

37. NAPOLÉON III, n. 1808, empereur des Français le 2 déc. 1852, m. 1873.

1° 2 L. A. S. au notaire Noël; Ham, 17 et 26 nov. 1840, 2 p. in-8.

Toutes relatives à des questions d'argent.

2° 2 L. A. S. de *Berryer* au même; (1841), 1 p. 1/2 in-8.

Demande de pièces pour le prince, prisonnier à Ham.

38. NAPOLÉON III.

L. A. S. à M. de Thorigny; Elysée, 5 novembre, 1 p. in-8.

Il désire que son message soit imprimé en placards et envoyé dans toutes les communes. « La seule difficulté consiste dans le remboursement des frais, mais je crois que les fonds secrets peuvent très-bien donner 3,000 francs dans ce but. »

39. NAPOLÉON III.

1° L. A. S. *Louis N.,* à Morny; 11 janvier, 1/2 p. in-8. — 2° L. S. au maréchal Vaillant; Tuileries, 12 mars 1856, 1/2 p. in-4.

Il le prévient qu'il devra assister à la cérémonie de l'ondoiement du prince dont il attend la naissance.

PRINCES FRANÇAIS

40. BOURBON (Charles Ier, duc de), d'abord comte de Clermont, prince illustre qui seconda puissamment Charles VII, défendit Orléans contre les Anglais en 1428, et participa au complot de la Praguerie, n. 1401, m. 1456.

L. S., sig. aussi par *Bernard, comte de Pedriac* (Pardiac), second fils du connétable d'Armagnac, aux conseillers, bourgeois et habitants de Lyon; Riom, 20 juin, 1/2 p. in-fol. oblong, cachet.

Il leur envoie Jean Violet pour leur porter des lettres relatives à la délivrance d'Aymart de Villenove, conseiller de la ville de Lyon.

41. ANGOULÊME (Jean D'ORLÉANS, comte d'), 3e fils de Louis d'Orléans et de Valentine de Milan, captif en Angleterre pendant 32 ans, compagnon d'armes de Dunois, grand-père de François Ier, n. 1404, m. 1467.

L. S., sur vélin, à Jean Le Flament; Bourges, 27 sept. 1447, 1 p. in-fol. oblong.

42. FOIX (Gaston de), prince de Viane, fils de Gaston IV, époux de Madeleine de France, fille du roi Charles VII, m. 1470.

L. A. S. au roi Louis XI; (26 décembre 1461), 1/2 p. in-4 oblong.

43. BOURGOGNE (Antoine, dit le grand bâtard de), fils naturel de Philippe le Bon, fidèle serviteur de son frère Charles le Téméraire, puis de Louis XI et de Charles VIII, n. 1421, m. 1504.

P. S., sur vélin; 23 octobre 1489, 1 p. in-fol. oblong, sceau dont la partie inférieure est brisée.

Reconnaissance de l'hommage à lui rendu par J. de Sarrebruche, comte de Roucy, de la terre et seigneurie de la forte maison de Nesle, relevant de la châtellenie de Château-Thierry.

44. **CHARLES**, duc de Bourgogne, dit *le Téméraire,* n. 1433, tué à la bataille de Nancy, le 5 janv. 1477.

L. S., en latin, à Blanche-Marie Sforce, duchesse de Milan; Boulogne-sur-Mer, 20 avril 1466, 1/2 p. in-4 oblong, trace de cachet.

Lettre écrite comme prince de Bourgogne. Compliments de condoléance sur la mort de François Sforce.

45. **CHARLES IV D'ANJOU,** comte du Maine et de Provence, roi de Naples après la mort de son cousin René, m. 1481.

L. S., avec la souscript. aut., à la duchesse de Milan; Tarascon, 27 juillet, 1/2 p. in-4 oblong, cachet.

Il a su ce qu'on avait tenté à Gênes contre elle. Il lui conseille de recourir au Roi.

46. **BEAUJEU** (Pierre II de Bourbon, sire de), époux d'Anne de France, régente sous Charles VIII, m. 1503.

L. S. *Votre Beaujolois Pierre,* à Messieurs des Comptes; Beaugency, 15 décembre, 1 p. in-4.

47. **ANTOINE DE BOURBON,** roi de Navarre, père de Henri IV, n. 1518 m. 1562.

L. S., avec la souscript. aut., au duc de Savoie; camp de pont de Remy, 7 sept. 1554, 1/4 de p. in-fol.

Envoi d'un paquet de la part du connétable.

48. **MAINE** (Anne-Louise-Bénédicte de Bourbon, duchesse du), la reine de la cour de Sceaux, n. 1676, m. 1753.

L. A. S. à l'évêque de Soissons; Sceaux, 12 juin, 1 p. 1/2 in-4, cachet brisé.

Elle le remercie de l'envoi d'un de ses ouvrages.

49. **TOULOUSE** (Louis-Alexandre de Bourbon, comte de), fils légitimé de Louis XIV et de Mme de Montespan, grand amiral de France, n. 1678, m. 1737.

L. A. S.; Rambouillet, 27 août 1708, 2 p. 1/2 in-4.

Curieuse lettre sur une affaire avec M. de Béthune.

50. **CHAROLAIS** (Charles de Bourbon-Condé, comte de), prince fameux par ses débauches et sa froide cruauté, n. 1700, m. 1760.

L. A. S. à M. de Marville; 14 mars 1742, 1/2 p. in-8, cachet armorié. Jolie pièce.

51. **MARIE-ADÉLAIDE,** fille aînée de Louis XV, n. 1732, m. 1800.

1° L. A. S.; Versailles, 9 fév. 1772, 1 p. in-4.

Relative à Mme de Narbonne qui, grâce à ses amis, aura 160,000 francs « pour lesquels je vous demande sept pour cent sur sa tête et celle de son fils. »

2° L. A. S. au garde des sceaux; (mars 1777), 1/2 p. in-4, cachet.

Elle propose le sieur Brun pour une chaire de professeur de médecine à Montpellier.

52. **CONTI** (Louis-François-Joseph de BOURBON, prince de), le dernier des princes de sa maison, n. 1734, m. 1814.

L. A. S. aux représentants du peuple; Fort Saint-Jean, à Marseille, 31 juillet 1793, 1 p. in-fol.

Il rappelle qu'il a été arrêté le 8 avril dernier, sans avoir commis aucun délit, et, vu le mauvais état de s santé, il réclame sa mise en liberté.

53. **ORLÉANS** (Louis-Philippe-Joseph, duc d'), député à la Convention, dit *Égalité*, n. 1747, décapité le 6 nov. 1793.

L. A. S. à Louis XVI; Villers-Cotterets, 21 déc. 1787, 1 p. in-fol.

Il le prie d'approuver le choix qu'il a fait de M. de La Touche pour son chancelier. « Je profite avec empressement, Sire, du devoir que je remplis pour exprimer à Votre Majesté combien je suis sensible au malheur d'être dans sa disgrace... »

54. **ÉLISABETH-MARIE**, sœur de Louis XVI, n. 1764, décapitée le 10 mai 1794.

L. A. S. (à Mme de Bombelles?); 22 déc. 1790, 1 p. pl. in-8.

Précieuse lettre sur l'étonnement qu'a causé le départ de Mirabeau. On croit qu'il est allé en Provence. Il a été décrété qu'on n'aurait plus de maréchaussée, mais de la gendarmerie nationale. « Il faut bien que tout se ressente de la révolution. » On refuse de payer les dettes du comte d'Artois et on donne un million par an au duc d'Orléans pour payer les siennes.

55. **ANGOULÊME** (Louis-Antoine de BOURBON, duc d'), fils de Charles X, amiral de France, n. 1775, m. 1844.

L. A. S. au contre-amiral Hamelin; Madrid, 13 juillet 1823, 1 p. in-4.

Pièce historique où il lui mande de ne rien laisser entrer ni sortir de Cadix. « Il faut que notre marine prouve qu'elle n'est pas inférieure à celle des Anglais et que nous pouvons faire tout ce qu'ils ont fait... »

56. **BERRI** (Charles-Ferdinand, duc de), fils de Charles X, n. 1778, assassiné le 13 février 1820.

L. A. S. (à la Mme d'Ecquevilly); Blankenburgh, 11 janvier 1798, 1 p. pl. in-4.

Belle lettre où il parle du prochain départ du Roi (Louis XVIII). On attend une réponse de la cour de Prusse pour savoir de quel côté on se dirigera.

57. **BERRI** (Louise-Marie-Thérèse, dite Mademoiselle de), sœur du comte de Chambord, duchesse de Parme, expulsée de ses États en 1859.

L. A. S. à son oncle...; Ravenne, 12 juillet 1834, 2 p. in-4. Charmante épître.

MAISON DE LORRAINE

58. **RENÉ D'ANJOU**, dit *le bon roi René,* duc de Lorraine (1431-1453), roi de Naples, n. 1409, m. 1480.

L. S. à M. du Plessis; le Mesnaige, mercredi 27 avril, 1 p. in-fol.

Pièce très-curieuse. Elle commence ainsi : « En revange des deux belles arbalestes d'acier que vous m'avez données et pour ce aussi que depuis me suis enquis que vous estes très bon arbalestrier et que prenez grant plaisir à tirer de l'arbaleste, je vous advise que de ma part toute ma vie y ay prins grant plaisir. Et affin que voiez comment suis artillé, je vous envoie une de mes arbalestes, laquelle vous certiffie quella esté faicte de la main d'un Sarrazin à Barcillonne, ne jamais ne vieult aprendre aux crestiens de les faire telles... »

59. **RENÉ II**, duc de Lorraine (1473), vainqueur de Charles le Téméraire à Nancy, n. 1451, m. 1508.

L. A. S. à Madame, 3/4 de p. in-4, trace de cachet.

Recommandation en faveur d'un fidèle serviteur du Roi.

60. **PHILIPPE DE GUELDRE**, duchesse de Lorraine, seconde femme du précédent (1485), religieuse de Sainte-Claire à Pont-à-Mousson après la mort de son mari, m. 1547.

    P. S., sur vélin; Bar, 6 nov. 1519, 1/2 p. in-fol. oblong.

    Don fait par la duchesse au chapitre de Bar de 36 francs de rente sur la terre de Pierrefitte.

61. **ANTOINE**, duc de Lorraine (1508), fils des précédents, m. 1544.

    L. S. au chapitre de Saint-Dié; Nancy, 30 septembre, 1/2 p. in-4.

    Lettre de créance pour le sieur Deubexy.

62. **CHARLES II**, dit *le Grand,* duc de Lorraine (1545), gendre du roi Henri II, fondateur de l'Université de Pont-à-Mousson, n. 1543, m. 1608.

    1º L. A. S. à la Reine (Catherine de Médicis); Nancy, 10 mai (1563), 1 p. in-fol., cachet. Superbe pièce.

    Il lui envoie le bailli de Bar « pour vous randre réponse à la lestre que m'avés escrit... »

    2º L. S., avec la souscript. aut., au comte de Mansfeld; Nancy, 28 janv. 1591, 1 p. in-fol., trace de cachet.

    Relative aux mesures à prendre pour la délivrance du duc d'Elbeuf, prisonnier du roi de Navarre.

63. **CHARLES IV**, duc de Lorraine (1625), fameux par ses luttes contre Louis XIII, n. 1604, m. 1675.

    1º L. A. S. à Gaston d'Orléans; 18 mai, 1 p. pl. in-4, cachets. Légère déchirure par la rupture des cachets. — 2º L. A. S. de *Nicole,* femme de Charles IV, à Gaston d'Orléans; Paris, 8 octobre, 1 p. 1/2 in-fol., cachets et soies.

64. **STANISLAS LECZINSKI**, roi de Pologne, duc de Lorraine (1738), beau-père de Louis XV, n. 1677, m. 1760.

    L. A. S.; Lunéville, 22 nov. 1747, 3/4 de p. in-4. Belle pièce.

65. **LOUIS**, duc et cardinal de Bar, évêque de Langres, puis de Chonsal, ambassadeur de Charles VI au concile de Pise, m. 1430.

L. S. à Warin de Chappy, prévôt de Clermont; Clermont, 24 janvier 1419 (1420, n. s.), 1 p. in-4 oblong, trace de cachet.

Ordre de remettre au prieur de Beauchamp un millier d'alevin de la pêche des étangs de la prévôté de Clermont.

66. **GUISE** (François de Lorraine, duc de), un des plus illustres capitaines du xvi° siècle, n. 1519, assassiné par Poltrot en 1563.

L. A. S. à son beau-père le duc de Ferrare (Hercule II d'Este); Paris, 16 mai (1556?), 3 p. 1/2 in-fol.

Superbe lettre toute relative aux efforts du duc de Guise pour faire adhérer son beau-père à la ligue formée contre l'Espagne par le pape Paul IV et Henri II. Il l'engage fort à venir à Paris et lui mande que son fils (Alphonse II) est retenu dans cette dernière ville pour un tournoi.

67. **LORRAINE** (Charles, cardinal de), archevêque de Reims, premier ministre de François II, n. 1524, m. 1574.

L. A. S. à la Reine mère (Catherine de Médicis); Trente, 14 novembre (1563), 2 p. pl. in-fol., cachet. Superbe pièce.

Document historique des plus importants. Le cardinal ayant vu, à Trente, que les ambassadeurs de France s'étaient retirés du concile, il proteste avec vigueur. Le concile n'a jamais voulu juger aucun prince, pas même la Reine de Navarre, et, par l'opinion de tous les Pères, il a été dit « que les clauses apposées au décrès qui touchoit nostre royaume seroient ostées, comme il vous plaira voir. » La seconde session commencera le 9 décembre et on pense qu'elle terminera le Concile. « Se sera ung mervilleus scandalle si voz ambassadeurs ne si trouvent, et mesmes que à signer le concille voz ambassadeurs maintaindroyent la possession du Roy de signer premier après l'Empereur... »

68. **LORRAINE** (Charles III, cardinal de), petit-fils de Henri II, évêque de Strasbourg et de Metz, n. 1576, m. 1607.

L. A. S. au Roi; Nancy, 20 nov. 1602, 1 p. 1/4 in-fol, cachets.

Il demande la protection du Roi contre ceux qui le poursuivent à l'occasion de son évêché de Strasbourg.

FAMILLE BONAPARTE

69. **BONAPARTE** (Letizia Ramolino), mère de Napoléon Ier, n. 1750, m. 1839.

L. S. *Madame* à un de ses fils; Rome, 5 janv. 1828, 1/2 p. in-4.

Réponse à des souhaits de bonne année.

70. **BONAPARTE** (Joseph), frère aîné de Napoléon Ier, roi de Naples, puis d'Espagne, n. 1768, m. 1844.

1° L. S., sig. aussi par *Arrighi, Mattei, Saliceti*, etc., administrateurs du directoire du département de la Corse, au comité de législation; Corte, 21 fév. 1792, 1/2 p. in-fol. — 2° L. S. au ministre de l'intérieur; quartier-général d'Ollioules, 3e jour du 2° mois de l'an II, 2 p. in-fol.

Important document dans lequel il expose que, retenu devant les murs de Toulon, il pense, après la prise de cette ville rebelle, partir pour la Corse. Il expose l'état de ce pays, où les républicains se sont levés contre la tyrannie monarchique de Paoli, et il ne doute pas que la Corse ne soit bientôt délivrée.

71. **BONAPARTE** (Charlotte), fille du précédent, femme du frère aîné de Napoléon III, célèbre par la passion qu'elle inspira à Léopold Robert, n. 1802, m. 1839.

L. A. S. à son oncle...; Florence, 1er janv. 1834, 3 p. 1/2 in-4.

Jolie lettre de souhaits de bonne année. Nouvelles de famille.

72. BONAPARTE (Lucien), second frère de Napoléon, député aux 500, puis ministre de l'intérieur, prince de Canino, n. 1775, m. 1840.

L. A. S. à l'avocat Ravioli (à Paris); Florence, 21 avril 1831, 3 p. in-8.

Relative à la demande qu'il fait de rentrer en France. Il s'engage à prêter serment au gouvernement du roi Louis-Philippe et en appelle à la protection du général Lafayette, « ce patriarche des grands citoyens. »

73. BONAPARTE (Lucien).

2 L. A. S. à Campi et à Ravioli, l'une pendant la Révolution, l'autre de 1832, 2 p. in-4.

74. BONAPARTE (Louis), troisième frère de Napoléon, roi de Hollande, père de Napoléon III, n. 1778, m. 1846.

L. A. S. au cit. Tabarié; (an XI), 1 p. in-8, tête impr.

75. BONAPARTE (Jérôme), le plus jeune des frères de Napoléon, roi de Westphalie, n. 1784, m. 1860.

1º L. S. à l'avocat Ravioli; Macerata, 25 nov. 1826, 2 p. 1/4 in-4. — 2º L. A. S. (signature abrégée) au même; 5 déc. 1826, 1 p. pl. in-8.

Relative à des affaires qu'il a avec sa mère.

76. BONAPARTE (Pauline), sœur de Napoléon Iᵉʳ, n. 1780, m. 1825.

L. A. S. à son intendant Michelot; 22 (novembre 1810), 1 p. in-4.

EUROPE

77. JEAN II, roi d'Aragon (1458), allié, puis adversaire de Louis XI, qui lui disputa les comtés de Roussillon et de Cerdagne, n. 1397, m. 1479.

L. S. au duc de Bretagne; 23 déc. 1473, 1 p. in-4 oblong, cachet.

78. YOLANDE DE FRANCE, duchesse de Savoie (1452), sœur de Louis XI, une des princesses les plus célèbres du quinzième siècle, n. 1434, m. 1478.

L. S. à la duchesse de Milan; Saint-Jean-de-Maurienne, 13 juin, 1/2 p. in-4 oblong. Déchirure par le cachet n'atteignant pas le texte.

Jolie lettre, où elle la remercie des nouvelles qu'elle lui a données. Elle va par delà afin de se rapprocher de la duchesse de Milan et être plus à même de lui faire service.

79. YOLANDE DE FRANCE.

L. S., avec 7 mots autographes, à Pierre de Saint-Michel, chancelier de Savoie; Gex, 31 mai, 1/2 p. in-4 oblong, cachet.

Elle le prie d'envoyer cent florins à ceux qui sont à Chillon, « ou autrement les compaignons qui sont en la place l'abandonneront. »

80. ESTE (Lionel d'), seigneur de Ferrare, prince illustre, qui protégea et cultiva les lettres, n. 1407, m. 1450.

L. S.; 29 janv. 1436, 1/2 p. in-fol. oblong. Superbe et rare pièce.

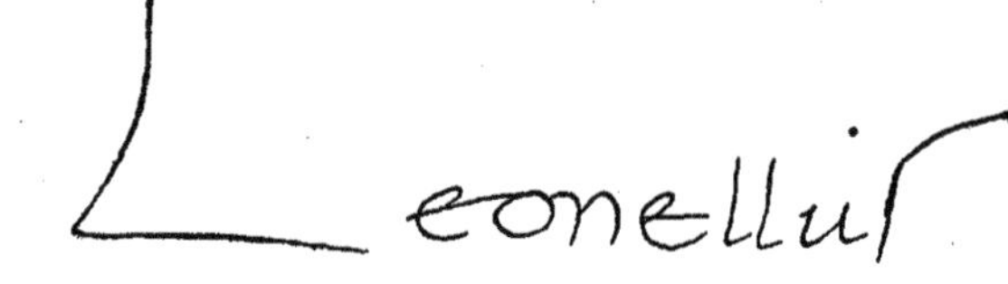

81. RENÉE DE FRANCE, duchesse de Ferrare, fille de Louis XII, célèbre par son attachement à la religion protestante, n. 1510, m. 1575.

L. S., en italien, avec la souscript. aut., à la marquise de Mantoue; Ferrare, 7 nov. 1530, 1/2 p. in-fol., cachet.

Belle lettre écrite et contre-signée par Bernardo Tasso, poète, père de Torquato et secrétaire de la princesse.

82. ESTE (Alphonse II d'), duc de Ferrare, fils d'Hercule II et de Renée de France, qui fit enfermer le Tasse comme fou, m. 1597.

L. S., avec la souscription et 2 lignes aut., à ses sœurs Lucrèce et Léonore; 10 sept. 1552, 1 p. in-fol., cachet.

Il s'excuse de ne pas leur écrire de sa main, mais il ne veut pas manquer de profit r de l'arrivée d'un ambassadeur de leur père pour leur dire ses tendresses.

83. PHILIPPE II, roi d'Espagne, n. 1527, roi en 1556, m. 1598.

P. S.; 12 juin 1584, 1/2 p. in-fol.

84. CHARLES XII, roi de Suède, n. 1682, roi en 1697, tué en 1718.

L. A. S., en français (à Louis XIV); Stralsund, 31 nov. 1714, 1/2 p. in-4. Un peu rognée dans la marge.

Pièce historique écrite au moment même où, arrivé à Stralsund, il recouvrait sa liberté. Il n'a pas hésité, dit-il, à se rendre dans ses États, « du moment que j'ai appris que Votre Majesté avait glorieusement terminé ses longues guerres. » Il lui dépêche un envoyé extraordinaire pour lui rendre compte de son arrivée en Poméranie. « Je compte sur l'amitié de Votre Majesté... J'espère qu'elle voudra à l'heure qu'il est juger par ses propres intérêts des miens. »

85. FRÉDERIC II, roi de Prusse, dit *le Grand*, n. 1712, roi en 1740, m. 1786.

L. S., en français, au comte d'Argental; Silberberg, 27 fév. 1779, 3/4 de p. in-4.

Il lui envoie l'éloge qu'il vient de faire de Voltaire. « J'aurois fait tout au monde pour réparer la perte de ce grand homme, mais dans l'impossibilité de le rappeler à la vie, j'ai cru de mon devoir de rendre justice à son mérite et de témoigner les regrets que me causoit la perte de ce beau génie. »

ÉTATS-UNIS

86. WASHINGTON (George), fondateur et premier président de la République des États-Unis (1788-1797), n. 1732, m. 1799.

L. A. S. (au général Knox); Mount-Vernon, 1er juin 1786, 1 p. 1/4 in-4. Légère déchirure dans un pli.

Cette pièce paraît être une minute. Elle est relative à la société de Cincinnati.

87. ADAMS (John), second président des États-Unis (1797-1801), n. 1735, m. 1826.

L. A. S. à M. Marslon; Montezillo, 31 août 1821, 1/2 p. in-4.

Lettre d'une écriture tremblée.

88. JEFFERSON (Thomas), troisième président des États-Unis (1801-1810), n. 1743, m. 1826.

L. A. S. à M. Mazzei, à Paris; Marseille, 4 avril 1787, 1 p. 1/2 in-4, cachet.

Curieuse lettre où il se félicite des conseils que lui ont donnés les jardiniers pendant le cours de son voyage. Il a recherché leur connaissance avec autant de soin qu'il en a mis à éviter celle des personnes qui voulaient lui faire perdre son temps dans des dîners de cérémonie.

89. MONROE (James), cinquième président des États-Unis (1817-1825), n. 1759, m. 1831.

L. A. S.; 25 sept. 1805, 1 p. 1/4 in-4.

90. ADAMS (John-Quincy), sixième président des États-Unis (1825-1828), n. 1767, m. 1848.

L. A. S. au Président; 20 juill. 1818, 3/4 de p. in-4.

91. JACKSON (Andrew), général, septième président des États-Unis (1828-1837), n. 1767, m. 1845.

L. A. S. à James Monroe; Nashville, 10 sept. 1824, 1 p. 1/4 in-4.

92. BUREN (Martin van), président des États-Unis (1837-1841), n. 1782.

L. A. S. au major Worth; 18 déc. 1825, 3/4 de p. in-4.

93. HARRISON (William-Henry), général, président des États-Unis (1841), n. 1775, m. 4 avril 1841, un mois après son avénement au pouvoir.

L. A. S. à Buchanan; 5 oct. 1832, 1/2 p. in-4.

94. TYLER (John), président des États-Unis (1841-1845), n. 1790.

L. A. S. à M. Spencer; 4 mars 1842, 1 p. in-8.

HOMMES D'ÉTAT
PERSONNAGES POLITIQUES

FRANCE

95. **GOUFFIER** (Guillaume), seigneur de Boisy, protégé d'Agnès Sorel, confident de Charles VII, gouverneur du frère de Louis XI et de Charles VIII, n. 1420, m. 1495.

L. S., avec la souscript. aut., à Mme de Boisy; Amboise, ce dimanche après la mi-août, 1 p. in-fol.

Intéressante lettre sur ses affaires. Il a envoyé à la cour pour avoir des nouvelles. Son fils Adrien (depuis cardinal de Boisy) demande à le voir.

96. **AMBOISE** (Georges, cardinal d'), archevêque de Rouen, premier ministre de Louis XII, n. 1460, m. 1510.

L. A. S. à Louis XII; Lyon, 20 septembre (1507), 3 p. 1/4 in-fol.

Précieuse lettre politique sur les Suisses et le roi des Romains. Il annonce que M. de La Trémoille vient en Bourgogne et en Champagne. Le Pape (Jules II) va de pis en pis. « Le cardinal de Sainte-Praxede (Antonio Pallavicini) est mort, et à la fin de sez jours il est devenu fou, et disoit qu'il estoit Pape et se fezoit bézer le pié. De belle vie belle fin. »

97. THOU (Christophe DE), premier président au Parlement de Paris, qui approuva la Saint-Barthélémy, n. 1508, m. 1582.

L. A. S. au Roi; Paris, 25 fév. 1570, 3/4 de p. in-fol., cachet.

M. de Longueville lui a montré les lettres que le Roi lui a accordées pour le gouvernement de Picardie. Procès du sr Dancous, dont les crimes sont exécrables.

98. LENONCOURT (Philippe, cardinal de), archevêque de Reims en 1589, n. 1526, m. 1591.

L. A. S. au Vte de Turenne; Tours, 27 octobre 1590, 1 p. pl. in-fol.

Il donne le conseil de pourvoir au secours de la Bretagne, sous peine de la perdre, ainsi que toutes les villes et places qui sont sur cette rivière de Loire. On connaît le peu de bonne volonté du peuple qui est dedans. Si l'on veut traiter avec les étrangers des dettes qui leur sont dues par les sujets du Roi, on en pourrait tirer 300,000 écus. Sa Majesté fera connaître sa volonté au cardinal de Bourbon. M. d'Espernon arriva pour certain à Niort.

99. DU PLESSIS-MORNAY (Philippe), un des plus illustres chefs du parti protestant, surnommé *le pape des Huguenots*, n. 1549, m. 1623.

L. A. S. à son gendre M. de Villarnoul; Saumur, 4 juin 1610, 1 p. pl. in-fol.

Lettre politique. Il lui recommande de ne pas se brouiller avec Messieurs de Guise, « car nous ne devons, dit-il, attirer sur nous la malveillance de personne. »

100. SUBLET DE NOYERS (François), intendant des finances sous Louis XIII, fondateur de l'Imprimerie Royale, protecteur du Poussin, n. 1588, m. 1645.

L. A. S. aux trésoriers généraux de France, à Lyon; Grenoble, 11 juillet (1630), 1 p. pl. in-fol., cachets et soies.

Relative à des questions de finance.

101. THOU (François-Auguste DE), fils de l'historien, ami de Cinq-Mars, n. 1607, décapité à Lyon le 12 sept. 1642.

L. A. S. au comte de Guiche; Strasbourg, lundi 2 heures (fév. 1636), 1 p. in-fol. Belle pièce.

102. FOUCQUET (Nicolas), surintendant des finances, célèbre par son faste et ses malheurs, n. 1615, m. 1680.

L. A. S. (à Mazarin); Paris, 9 août 1649, 2 p. in-4.

Recommandation en faveur de l'abbé de Bruc, beau-frère de M. Du Plessis-Bellière, pour l'abbaye de Bellefontaine.

103. COLBERT (Jean-Baptiste), le grand ministre de Louis XIV, n. à Reims, 1619, m. 1683.

L. A. S. (à Mazarin); 1er janv. 1656, 1 p. in-4.

Il lui mande que l'abbaye de Saint-Victor en Caux est vacante et qu'il y a des munitions de guerre dans la ville de Grenade, qui appartient au cardinal à cause de son abbaye de Grandselve. « M. Dupuy m'a prié de présenter ce livre des droits du Roy sur plusieurs estats voysins à Vostre Eminence. »

104. FOUCQUET (l'abbé Basile), frère du surintendant, chancelier des ordres du Roi, agent du cardinal Mazarin, n. 1622, m. 1680.

L. A. S.; Vermanton, 2 octobre (1661), 2 p. in-4.

Lettre écrite après l'arrestation de son frère. Il s'est retiré dans ses abbayes par ordre du Roi. « Je vous conjure, Monsieur, de vous souvenir que je n'ai point de part à toutes les choses qui ont déplu à Sa Majesté dans la conduite de mon frère... »

105. DUBOIS (le cardinal Guillaume), le fameux ministre du Régent, n. 1656, m. 1723.

L. A. S. au Régent; La Haye, 21 nov. 1716, 6 p. 1/2 in-4.

Document des plus importants sur les négociations du traité de la triple alliance. Il y est fort question de Stanhope et du roi d'Angleterre. « Il n'y a plus aucune puissance de l'Europe qui n'ait icy présentement quelque acteur qui travaille pour ou contre l'alliance. Le prince Kourakin, qui se tue de me faire des complimens et de me dire que son maitre est ravi de l'alliance parce qu'il espère qu'elle lui donnera la paix, a ordre positif de son maitre de la traverser à sa manière, c'est-à-dire en hypocrite, car le Czar fait toujours le piteux et le bien intentionné, lors même qu'il pense à faire la plus grande malice. »

106. **CHOISEUL** (Etienne-François, duc de), premier ministre de Louis XV, disgracié en 1770, n. 1719, m. 1785.

L. A. S. à l'abbé Barthélemy; Paris, 26 mars 1757, 1 p. in-4.

Jolie lettre, qui semble relative à la duchesse de Choiseul.

107. **CHOISEUL** (Etienne-François, duc de).

L. A. S. au duc...; Versailles, 26 mars 1763, 4 p. in-4.

Très-intéressante lettre sur les travaux à exécuter dans le port de Dunkerque.

108. **PAOLI** (Pasquale di), l'illustre chef corse, n. 1726, m. 1807.

L. A. S., en français, (au comte de Wargemont, qui, en 1768, commandait la droite de l'armée de débarquement en Corse); Londres, 5 fév. 1790, 2 p. 3/4 in-fol. Fatiguée et déchirée dans les plis.

Il le remercie de l'hospitalité qu'il lui a offerte. Il s'occupe d'assurer à sa patrie la jouissance de la liberté que l'Assemblée nationale vient d'offrir à la Corse ainsi qu'à toutes les autres provinces de la monarchie.

109. **PAOLI** (Pasquale di).

1° Billet de 6 lignes A. S., en français, à Saliceti ; jeudi 1793, 1/2 p. in-4. — 2° L. A. S. P. P. au cit. Giorgi, à Caccia; Rostino, 9 sept. 1795, 1 p. pl. in-4.

Il lui mande la conclusion de la paix avec l'Espagne et la défaite des pauvres royalistes français débarqués sur les côtes de Bretagne. A la paix générale on parlera sans doute de la Corse. Il espère que les Français ne dicteront pas la paix à leur fantaisie.

110. **TURGOT** (Anne-Robert-Jacques), illustre économiste, ministre de Louis XVI, n. 1727, m. 1781.

L. A. S. au marquis de La Londe, président du Parlement de Normandie; Paris, 10 juin 1766, 2 p. in-4, cachet brisé.

Relative à l'achat par Turgot d'une terre appartenant au marquis.

111. **FOUCHÉ** (Joseph), duc d'Otrante, conventionnel, fameux ministre de la police sous Napoléon Ier, n. 1763, m. 1820.

L. A. S. à Son Altesse...; Paris, 17 mai 1810, 1/2 p. in-4.

Il a donné l'ordre de lever la surveillance à laquelle Boissy d'Anglas était assujetti.

112. **RICHELIEU** (Armand-Emmanuel Du Plessis, duc de), célèbre ministre de Louis XVIII, n. 1766, m. 1822.

L. A. S. à M. Descoings, épicier; 1er mai 1815, 1/2 p. in-4.

Relative à l'état de sa fortune. Il déclare ne plus rien posséder en France.

113. JORDAN (Camille), député et publiciste libéral, n. à Lyon, 1771, m. 1821.

L. A. S. à M. Nolhac; Paris, (19 février 1816), 6 p. in-4.

Epître fort intéressante sur la ville de Lyon et sur l'entrevue de Jordan avec le duc d'Angoulême et les ministres. Piquante appréciation de la politique suivie par le ministère : ses inquiétudes à cet égard.

114. FOY (Maximilien-Sébastien),général et député, un des plus célèbres orateurs parlementaires sous la Restauration, n. à Ham, 1775, m. 1825.

1º P. A. S. ; Benavente, 20 déc. 1812, 2 p. in-fol. Pièce doublée.

Document historique très-curieux. Il contient les états de service du général Foy depuis 1790.

2º L. A. S. à Jean de Bry; Paris, 19 mars 1819, 2 p. 1/4 in-4.

Il se porte candidat à la députation dans l'arrondissement de Saint-Quentin et demande à De Bry, alors exilé, son appui auprès de ses concitoyens. « Si je suis nommé, je porterai à la tribune nationale la chaleur que j'ai éprouvée dès mes plus jeunes ans pour la cause de notre glorieuse révolution et que n'ont affaiblie ni l'excès de nos prospérités, ni l'excès de nos malheurs. Né plébéyen, j'appartiens aux intérêts de l'égalité, et l'enivrement du pouvoir ne m'a jamais fait oublier les droits de mes semblables. »

115. MARRAST (Armand), publiciste célèbre, président de l'Assemblée constituante, n. 1801, m. 1852.

L. A. S. aux avocats nommés d'office par la chambre des pairs pour la défense des prévenus d'avril 1834; (prison du Luxembourg, 1835), 2 p. 1/2 in-4.

Pièce historique, signée de tous les prévenus d'avril, catégorie de Paris. Parmi les signatures on remarque, outre celle d'Arm. Marrast : G. *Cavaignac, Vignerte, Guinard, Pornin, Kersauzie, Landolphe, B. Lebon*, etc. Ils déclarent à leurs avocats d'office qu'ils ne veulent pas être défendus par eux, et leur annoncent qu'ils ont fait choix de conseils. « Nous vous prévenons, en conséquence, que nous refusons et que nous refuserons toute espèce de communication avec vous... Après une déclaration aussi formelle, votre déférence aux ordres de monseigneur Pasquier ne serait plus à nos yeux qu'un acte volontaire d'hostilité de votre part... Il vous reste maintenant à juger vous-mêmes si votre dignité, celle de l'ordre auquel vous appartenez, peuvent vous permettre de vous imposer aux accusés malgré eux... »

116. CAVAIGNAC (Eléonore-Louis-Godefroy), un des chefs du parti républicain sous Louis-Philippe, n. 1801, m. 1845.

1º 2 L. A. S. de ses initiales au Dr Gervais; Londres, 11 mars et 5 avril 1838, 7 p. in-8. Lettres intimes et politiques. — 2º 2 L. A. S., 2 p. in-8.

117. BAUDIN (Jean-Baptiste-Alphonse-Victor), médecin, député de l'Ain à l'Assemblée législative de 1849, n. à Nantua, 1801, tué sur une barricade du faubourg Saint-Antoine le 4 déc. 1851.

P. A. S., sig. aussi par ses collègues *Gindrier, Cholat, Greppo, Baune, Faure, Nadaud, Colfavru, Joigneaux*, etc. ; (1850), 1 p. 1/4 in-8.

Ils déclarent s'être abstenus volontairement, à la séance du 29 novembre, dans le scrutin sur la loi électorale.

118. DELESCLUZE (Louis-Charles), un des chefs de la Commune de Paris en 1871, n. à Dreux, 1809, tué sur une barricade le 23 mai 1871.

L. S., sig. aussi par *Ledru-Rollin, Martin-Bernard, Buvignier, Cholat, Nadaud, Ferd. Gambon, Baune, Mathieu* (de la Drôme), *Mathé. Ribeyrolles*, etc., au rédacteur en chef du *Moniteur universel;* Paris, 28 janv. 1849, 2 p. in-4.

Ils affirment que, contrairement aux assertions du ministre de l'intérieur M. Léon Faucher, le local où les membres de la *Solidarité républicaine* se réunissent n'a pas été fermé.

119. BARBÈS (Armand), célèbre révolutionnaire, représentant du peuple en 1848, n. 1810, m. 1868.

L. A. S. à M. Étienne Arago; prison de Nimes, 13 juin 1845, 2 p. 1/4 in-4.

Épître fort curieuse sur la mort de Godefroy Cavaignac (arrivée le 5 mai 1845). Il le remercie de l'insertion de sa lettre, qui a été un moyen d'apprendre « à tous ceux qui aimaient notre bien-aimé Godefroy que, moi aussi, je l'aimais, et que je le pleure comme vous. Ah! puissions-nous en redoublant d'amour pour la sainte cause qu'il a servie avec tant de dévouement, lui montrer à lui-même que son esprit est toujours parmi nous... »

120. BARBÈS (Armand).

L. A. S. au président de l'Assemblée nationale; donjon de Vincennes, 21 août 1848, 3 p. pl. in-4.

Très-curieuse lettre où il revendique la responsabilité de certains propos tenus dans la journée du 15 mai et attribués faussement à Louis Blanc. Il affirme aussi que ce dernier n'a pas paru à l'hôtel de ville et que dans la réunion du 14 mai il n'a été arrêté aucune ligne de conduite pour le lendemain. Il souhaite que les bourgeois trouvent dans la nécessité un de ces élans qui portèrent jadis les chefs de la noblesse à sacrifier, dans la nuit du 4 août, leurs titres de propriété. « Alors, nous redeviendrions la France, et, au lieu d'avoir à tirer le canon dans nos rues, nous mènerions le monde vers cette destinée de fraternité dont notre chère patrie doit être la grande ouvrière. »

121. BARBÈS (Armand).

1º L. A. S. à son ami Dubourdieu; maison centrale de Nimes, 13 mars, 3 p. 1/4 in-8. Détails intimes. — 2º L. A. S.; Paris, 7 avril 1848, 1 p. 1/2 in-8.

Relative à Léon Fraisse qu'il aime parce qu'il fut *l'ami de notre héroïque Alibaud* (auteur d'un attentat contre la vie de Louis-Philippe).

3º L. A. S. à Schoelcher; prison de Belle-île, 5 nov. 1851, 2 p. 3/4 in-8.

ÉTRANGER

122. MONCK (George), duc d'Albemarle, général sous Cromwell, restaurateur des Stuart sur le trône d'Angleterre, n. 1608, m. 1670.

L. S. à William Compton; 21 août 1663, 1/2 p. in-fol.

123. MAZZINI (Giuseppe), fameux révolutionnaire italien, n. 1808, m. 1875.

L. A. S. au cit. Zambeccari, commandant de la place d'Ancône; Rome, 24 avril 1849, pendant la nuit, 1 p. 1/4 in-fol.

Document historique très-important. Il lui annonce sa nomination au poste de commandant de la place d'Ancône. Il lui fait connaître l'étendue de ses devoirs. Il faut défendre la République menacée par un ennemi étranger, ainsi que le veut le Triumvirat.

TROISIÈME SÉRIE

RÉVOLUTION FRANÇAISE

HOMMES POLITIQUES

124. **ALBITTE** (Antoine-Louis), conventionnel, célèbre par ses missions aux armées, m. 1812.

> 1º L. S., avec 5 lignes aut., à la municipalité de Paris ; Pont Saint Esprit, 16 juillet 1793, 2 p. 1/2 in-fol.
>
> Important document historique où il raconte sa mission dans les départements de la Drôme, du Gard et de Vaucluse, et annonce la complète défaite des insurgés.
>
> 2º L. A. S. à Voulland ; Chambéry, 8 germinal an II, 2 p. in-fol., vig. et tête impr.
>
> Il proteste contre les calomnies dirigées contre lui.

125. **ANTIBOUL** (Charles-Louis), conventionnel, n. à Saint-Tropez, 1752, décapité en 1793.

> L. A. S. au président de la Convention ; Paris, 30 sept. 1793, 1/2 p. in-4.
>
> Il vient se mettre à la disposition de la Convention, en vertu de l'arrêt lancé contre lui.

126. **ANTONELLE** (P.-Ant., marquis d'), fameux révolutionnaire et économiste, qui présidait le jury lors du procès des Girondins, n. à Arles, 1747, m. 1817.

> 1º L. A. S., sig. aussi par *L. Lecointre ;* 8 fév. (1792), 1 p. 1/2 in-4.
>
> Rapport contre un nommé Courci, qui a demandé un passeport.
>
> 2º *Un mot à l'occasion du nº 35 du tribun du peuple,* manuscrit aut. sig. ; 14 frimaire an IV, 15 p. in-8. Article politique fort curieux.

127. **AUDREIN** (Yves-Marie), député du Morbihan à l'Assemblée législative, évêque constitutionnel de Quimper, assassiné par les chouans en 1800.

> L. A. S. au cit. Boutau ; Quimper, 5e jour complémentaire, 1 p. in-4.
>
> Envoi d'une brochure (jointe à la lettre) pour défendre cinq prêtres patriotes. Demande de l'appui du gouvernement. « Le fait est que par l'influence religieuse, je peux, plus que personne, ramener le peuple des campagnes, mais alors je soulève contre moi toute la horde royaliste et il ne s'agit que de m'atteindre d'un coup de fusil. »

128. **BABEUF** (François-Noël), fameux publiciste et novateur, n. à Saint-Quentin, 1764, décapité le 27 mai 1797.

L. A. S. aux magistrats du peuple ; Paris, 28 mai an II (1793), 2 p. in-4.

Espèce de proclamation signée : *le Républicain Gracchus Babeuf, employé au département des substances de la Commune.* Elle a pour but de signaler une affiche du député Audrein qui demande que les processions de la Fête-Dieu aient lieu. Voici un passage qui fera juger du ton de la pièce : « Que le dieu des Nazaréens n'ait pas plus de priviléges que les autres ; qu'il se renferme dans ses temples, lui et ses prêtres... »

129. **BABEUF** (François-Noël).

L. A. S., sig. par *Germain, Massard, Cazin* et *Moron*, à Merlin de Douai ; Paris, 28 messidor an IV, 1 p. 1/2 in-4.

Détenus au Temple, ils réclament avec énergie contre leur mise au secret.

130. **BAILLY** (Jean-Sylvain), astronome et constituant, premier maire de Paris, n. 1736, décapité en 1793.

L. A. S. au directeur du garde-meubles ; (Paris), 11 juill. (1790), 1 p. pet. in-4.

Pièce historique relative à la Fédération du 14 juillet. — Il est allé ce matin au garde-meubles avec deux députés, qui ont désigné les objets nécessaires à l'ameublement de la galerie où seront placés le roi et l'Assemblée nationale pendant la fête. Prière de donner des ordres pour remettre ces meubles à M. Celerier, chargé de tous les préparatifs à faire au Champ-de-Mars.

131. **BARBAROUX** (Charles-Jean-Marie), conventionnel, un des plus illustres chefs du parti girondin, n. à Marseille, 1767, décapité le 25 juin 1794.

L. S. *Barbaroux, homme de loi*, sig. aussi par *Leclerc fils;* Marseille, 21 mars 1791, 1 p. in-4.

Envoi d'un exemplaire de leur lettre au comité de constitution sur la matière des partages entre enfants dans les successions *ab intestat.*

132. **BARBAROUX** (Charles-Jean-Marie).

P. A. S. ; (1791), 1/4 de p. in-4.

Cette pièce est ainsi conçue : « Affaire de Varenne. Vous trouverez dans le livre verd la preuve que le Roi a reçu de son trésorier, du 12 mai au 18 juin 1791, 2,866,800 livres. »

133. **BARBAROUX** (Charles-Jean-Marie).

L. S. au président de l'Assemblée nationale ; Paris, 28 mars 1792, 1 p. 1/4 in-4.

Il demande à être admis à la séance de demain matin de l'Assemblée nationale afin d'exposer que Marseille est sur le point de voir ses vaisseaux arrêtés dans le port de Gênes, en exécution du contrat d'emprunt que Marseille a souscrit pour servir le gouvernement en lui prêtant son nom.

134. **BARBAROUX** (Charles-Jean-Marie).

L. S. à Gasparin, à Marseille ; Avignon, 7 sept. 1792, 3/4 de p. in-fol.

Il prévient Gasparin que l'assemblée électorale des Bouches-du-Rhône l'a nommé représentant du peuple à la Convention nationale. « C'est une justice qu'elle a rendu à vos vertus civiques. »

135. **BARBAROUX** (Charles-Jean-Marie).

L. A. S. à Monge ; Paris, 1er nov. 1792, 1 p. pl. in-4.

Relative à l'expédition de Sardaigne « pour laquelle je vous offre le sang et la fortune des Marseillais. »

136. **BARBAROUX** (Charles-Jean-Marie).

L. A. S. aux membres du Comité de salut public ; Paris, 3 juin 1793, 1 p. 1/4 in-4.

Demande de la copie du procès-verbal, dressé la veille de l'ouverture du paquet apporté de Marseille par un courrier extraordinaire.

137. **BARÈRE DE VIEUZAC** (Bertrand), député des Hautes-Pyrénées à la Convention, le rapporteur du Comité de salut public, déporté en 1795, n. 1755, m. 1841.

1° L. A. S. ; Paris, 12 avril 1790, 1 p. in-4.

Lettre signée *Barère de Vieuzac* et recommandant un négociant malheureux.

2° 3 lettres signées des membres des Comités de salut public et de sûreté générale au commandant du fort de l'île d'Oleron, au commandant de la corvette destinée pour l'Inde, et au commandant en chef de la colonie de l'île de France ; an III, 7 p. in-fol., têtes impr. et vig. fortement rognées dans une marge : plusieurs mots sont atteints.

Toutes relatives à la déportation de Barère.

138. **BARNAVE** (Antoine-Pierre-Joseph-Marie), un des plus grands orateurs de l'Assemblée constituante, n. à Grenoble, 1761, décapité le 30 novembre 1793.

L. A. S (à M. de Vaivres) ; (1790), 1 p. in-4.

Chargé par le comité des colonies de rendre compte à l'Assemblée nationale des événements qui ont eu lieu à La Martinique, il demande la copie des actes de l'assemblée de cette colonie.

139. **BARNAVE** (Antoine-Pierre-Joseph-Marie).

L. S., sig. aussi par *Villars, Rochambeau, Bonnecarrère, Verchère, duc d'Aiguillon* et *Charles Lameth*, à la société des amis de la Constitution à Lisieux ; Paris, 30 décembre 1790, 1 p. 1/2 in-fol., vig. et tête impr.

Ils lui mandent l'acceptation par le Roi du décret sur la constitution civile du clergé.

140. **BARNAVE** (Antoine-Pierre-Joseph-Marie).

L. A. S. au ministre des contributions publiques ; Paris, 26 nov. 1791, 2 p. in-4.

Il recommande M. Brunel pour la conservation des forêts de Caën et M. Badin pour la place d'inspecteur dans le département de l'Isère.

141. **BARNAVE** (Antoine-Pierre-Joseph-Marie).

L. A. à une dame ; Grenoble, (1793), 2 p. 1/2 in-4.

Détenu depuis sept mois sur une vaine accusation, il semble n'avoir été ainsi retenu que pour attendre la formalité d'un tribunal arbitraire. Il s'est refusé à réclamer auprès de la Convention, pour ne pas avoir l'air de faire parler à l'innocence claire et sans nuages le langage de la crainte.

142. **BARNAVE** (Antoine-Pierre-Joseph-Marie).

Institutions républicaines, pièce aut., 1 p. in-fol.

Réflexions sur les changements apportés dans les institutions. On vient de changer le calendrier. Barnave aurait voulu que le comité d'instruction commençât ses travaux par l'établissement des exercices gymnastiques. « Le réquisitoire de Chaumette contre les filles publiques et les ouvrages obscènes est mille fois plus raisonnable que le renouvellement du calendrier. »

143. **BARNAVE** (Antoine-Pierre-Joseph-Marie).

Considérations sur les affaires de France, manuscrit autographe, avec ratures et corrections, 31 p. in-fol.

Curieux travail, qui ne paraît pas avoir été terminé.

144. **BARRAS** (Paul), conventionnel et directeur, n. 1755, m. 1829.

1° P. A. S. ; Aix, 5 ventôse an II, 1 p. in-4. — 2° L. A. S. au général Pilles ; Paris, 22 fructidor an II, 1 p. in-4. — 3° L. A. S. ; Rome, 1ᵉʳ sept. 1813, 1 p. 1/2 in-4.

145. **BASIRE** (Claude), célèbre conventionnel girondin, n. 1764, décapité en 1794.

L. A. S. à un ami ; Paris, 18 juin 1792, 1 p. 1/2 in-4.

Épître des plus curieuses sur les *Feuillants* qui sont à la tête du gouvernement et qui sont remarquables par leur sottise et leur nullité. « Attendez-vous à de grands événements et surtout ne vous étonnez de rien. L'Assemblée nationale sera bonne lorsqu'il faudra l'être. Elle est capable de tout entreprendre pour sauver la patrie, et si, avec la meilleure volonté du monde, elle ne peut faire le bien, ne doutez pas qu'elle n'ait le courage d'appeler la nation pour faire elle-même ses propres affaires. »

146. **BASIRE (Claude).**

1° L. A. S. à une dame ; 31 déc. 1792, 1 p. in-4.

Nouvelles du procès de Louis XVI. « Incessamment vous recevrez le beau discours de Robespierre sur l'affaire de Louis. C'est un chef-d'œuvre d'éloquence. »

2° L. A. S. à Gohier ; Paris, 19 mai 1793, 1/2 p. in-4.

147. **BEFFROY DE REIGNY (Louis-Abel),** dit le *Cousin Jacques,* auteur dramatique, condisciple et ami de Robespierre et de Camille Desmoulins, n. 1757, m. 1811.

L. A. S. au Comité de sûreté générale ; 26 fév. 1793, 4 p. in-fol.

Il apprend qu'on l'a dénoncé à la séance publique des Amis de l'Égalité d'Auxerre, comme ayant écrit un certain *Almanach des honnêtes gens,* ou *des bonnes gens,* ou *des braves gens,* qu'il n'a jamais ni lu, ni connu, pas même par ouï-dire. Il se défend et proteste de ses sentiments patriotiques. Il renvoie à ses ouvrages qui sont sa protection.

148. **BERGASSE (Nicolas),** avocat, constituant, publiciste et fameux illuminé, n. 1750, m. 1832.

L. A. S. au publiciste Madrolle ; Montereau, 20 août 1819, 1 p. 1/4 in-8.

« L'époque où nous sommes arrivés, dit-il, est la plus grande époque peut-être de l'histoire du monde moral. Du sein de cette horrible confusion, où fermentent entre elles tant d'opinions contradictoires, sortiront des vérités de l'ordre le plus élevé, et jusqu'à présent inaperçues. On apprendra enfin ce que c'est que la fausse science, comment, à côté de chaque passion, de chaque vice, il y a une erreur... »

149. **BERNARD (Adrien-Antoine),** dit *Bernard de Saintes,* conventionnel montagnard, n. 1750, m. 1819.

L. A. S. à Hérault de Séchelles ; Montbéliard, 24 brum. an II (14 nov. 1793), 1 p. 1/2 in-4.

Relative à une fabrique de faux assignats.

150. **BILLAUD-VARENNE (Jacques-Nicolas),** conventionnel et membre du Comité de salut public, déporté en 1795, n. 1756, m. 1819.

L. A. S. *Billaud de Varenne, ancien avocat au Parlement,* à un journaliste ; Paris, 18 nov. 1790, 2 p. in-4.

Envoi d'un poëme dont le but est de couvrir de ridicule les ennemis de la Constitution. Il le prie de l'insérer dans son journal. Il rappelle ses autres ouvrages.

151. **BILLAUD-VARENNE (Jacques-Nicolas).**

L. A. S. à Momoro ; 27 frimaire an II, 1 p. pl. in-4.

Renvoi des pièces relatives à l'affaire de Dufour.

152. **BIROTTEAU (Jean-Baptiste),** député des Pyrénées-Orientales à la Convention, un des membres du parti girondin, décapité le 24 octobre 1793.

P. S. deux fois, sig. aussi par *F. Duplain, Concedieu, Lehardi,* etc. ; 15 et 16 octobre 1792, 2 p. in-fol.

Procès-verbaux de l'examen des papiers du Comité de surveillance de la Commune. (C'est Birotteau qui avait provoqué cette mesure.)

153. **BOILLEAU (Jacques),** député de l'Yonne à la Convention, n. à Avallon, 1752, décapité avec les Girondins le 31 oct. 1793.

1° L. A. S. à ses collègues ; Paris, 25 juin an II (1793), 2 p. in-4.

Il proteste contre son arrestation.

2° L. A. S. à ses collègues ; Paris, 25 juin an II, 1 p. in-4.

Lettre signée *Jacques Boilleau, qui fut républicain avant toutes les révolutions de France et qui le sera jusqu'à la mort.* Il demande, vu son état de maladie, à être maintenu en arrestation dans sa chambre au lieu d'être transféré en prison.

3° *Copie de la lettre écrite par Jacques Boilleau à ses concitoyens lors de son arrestation,* pièce aut., sig. J. B. ; Paris, 3 juin an II, 2 p. 1/4 in-4.

Il annonce son arrestation.

4° L. A. S. au président de la Convention ; 24 brumaire an II, 1/2 p. in-4.

Il demande la production d'une pièce à sa décharge.

154. **BOISSET** (Joseph-Antoine de), député de la Drôme à la Convention, célèbre par sa mission dans le Midi, n. à Montélimar, 1748, m. 1813.

L. A. S. à Benezech ; Paris, 25 messidor an IV, 3 p. in-4.

Curieuse épître où il félicite Benezech sur l'organisation du théâtre de l'Opéra qui est « sans doute un des plus étonnants et des plus beaux monuments de l'Europe. » Mais comme il faut à La Chabeaussière un aide pour les détails, Boisset propose comme inspecteur général le citoyen Watteville dont il fait le plus grand éloge.

155. **BOUCHOTTE** (Jean-Baptiste-Noël), ministre de la guerre en 1793 et 1794, n. à Metz, 1754, m. 1840.

L. A. S. à Tissot ; Metz, 7 juin 1836, 2 p. in-4.

Pièce historique. Il envoie à Tissot un mémoire où il réfute les erreurs contenues dans le livre de M. Thiers. Il n'a pas sur Pichegru les idées que Tissot a émises. Il ne croit pas que ce général, quoique ennemi du pouvoir du général Bonaparte, fût pour l'ancien gouvernement, pour les émigrés et pour les puissances étrangères.

156. **BOURBOTTE** (Pierre), célèbre conventionnel, compromis dans l'insurrection de prairial an III, n. 1763, décapité en 1795.

1° L. A. S. au Comité de salut public ; Tours, 22 juill. 1793, 2 p. 3/4 in-fol.

Sa santé délabrée ne lui permet plus de continuer dans les départements et près de l'armée des Côtes-du-Nord, la mission qui lui a été confiée ; il demande à rentrer dans le sein de la Convention. Il a eu un cheval tué sous lui par un boulet de canon et a reçu sur la tête un coup de crosse de fusil.

2° P. A. S. ; Coblentz, 14 brumaire an III, 1 p. 1/2 in-fol., vig. et tête impr.

157. **BOURBOTTE** (Pierre).

L. A. S. à son ami Dudaujon ; d'un petit village à 4 ou 5 lieues de Caen, 4 prairial (1795), 8 p. in-4.

Arrêté après les journées de prairial, il proteste de son patriotisme et donne un intéressant récit des événements qui ont motivé son arrestation. Il raconte l'envahissement de la Convention, l'assassinat de son collègue Féraud ; il a été un des premiers à protester contre cet attentat et il a subi des violences ; il a défendu Kervelegan, qu'on voulait assassiner : bref, sa conduite n'explique en rien son arrestation.

158. **BOYER-FONFRÈDE** (Jean-Baptiste), conventionnel, un des bons orateurs de la Gironde, n. 1766, décapité le 31 oct. 1793.

L. A. S. aux cit. Page et Brulley ; Paris, 27 janv. 1793, 1 p. in-4.

Chargé par le Comité de défense générale d'un plan propre à mettre à l'abri les îles du Vent, il sollicite un entretien.

159. **BOYER-FONFRÈDE** (Jean-Baptiste).

1° L. S. ; Paris, 21 déc. 1792, 1/2 p. in-fol. — 2° P. S. ; 9 avril 1793, 1 p. 1/4 in-fol., vig., tête imp. et cachet.

160. **BRISSOT DE WARVILLE** (Jacques-Pierre), conventionnel et publiciste, n. à Chartres, 1754, décapité le 30 oct. 1793.

L. A. S. à James Philips, libraire, à Londres ; Paris, 6 nov. 1790, 1 p. in-4.

Recommandation en faveur de Bancal des Issarts, qui va en Angleterre pour prendre les informations les plus utiles sur la constitution de ce pays. « Apôtre de la liberté et de la révolution, il est un des plus chauds amis de la société pour l'abolition de la traite, et comme il désire d'assister aux conférences de la vôtre, je vous serai obligé de l'y présenter. »

161. BRISSOT DE WARVILLE (Jacques-Pierre).

L. A. S. aux citoyens de Gannat ; Moulins, 17 juin 1793, 3 p. 1/2 in-4.

Important document historique. Arrêté à Moulins, il explique sa conduite. S'il a fui, c'est qu'il était proscrit. « J'ai fui parce que la représentation nationale étoit et est encore subjuguée par une faction qui, sous le nom de la municipalité de Paris, veut dominer la Convention et par la Convention tous les départements. » Il repousse, en termes éloquents, les accusations de trahison et demande son transfèrement à Paris. — L'intitulé de la lettre porte : *Jacques-Pierre Brissot aux citoyens de Gannat, réunis en société populaire et au Conseil général du district.*

162. BRISSOT DE WARVILLE (Jacques-Pierre).

P. A. ; 24 juin 1793, 1 p. 1/4 in-4.

Cette pièce porte pour titre : *Copie de la lettre adressée au président de la Convention nàtionale par J.-P. Brissot, le 24 juin 1793.* Dans cette lettre Brissot demande justice.

163. BRISSOT DE WARVILLE (Jacques-Pierre).

L. A. S. aux membres du Comité de salut public ; Abbaye, 27 juin 1793, 1 p. 1/2 in-4.

Superbe lettre dans laquelle il demande à être entendu. On n'a décrété d'accusation Marat qu'après l'avoir entendu. Pourquoi ne lui accorderait-on pas la même faveur ? Il demande aussi à voir sa femme, sa belle-mère et sa belle-sœur.

164. BUONAROTTI (Michel), révolutionnaire, compromis dans la conspiration de Babeuf dont il écrivit l'histoire, n. 1761, m. 1837.

1° **L. A. S.** au ministre de la justice ; prison du Temple, 1er thermidor an IV, 1 p. 1/2 in-4.

Il proteste contre sa mise au secret et demande en termes touchants à voir sa femme.

2° *Pensées sur la Corse*, P. A. S. ; (1794), 3 p. in-fol.

Important projet d'organisation de la Corse.

165. BUZOT (François-Nicolas-Léonard), célèbre conventionnel girondin, ami de Mme Roland, n. 1760, m. 1794.

L. A. S. aux membres du directoire du district d'Evreux ; Paris, 8 juin 1791, 3/4 de p. in-4.

Il leur mande qu'il a pressé l'envoi du décret relatif aux réunions de plusieurs paroisses de Vernon et de Conches.

166. BUZOT (François-Nicolas-Léonard).

L. A. S. (aux membres du directoire du département de Paris) ; Paris, 15 juin 1791, 1 p. 1/4 in-4.

Il les remercie de la place à laquelle ils viennent de l'appeler.

167. BUZOT (François-Nicolas-Léonard).

P. S., sig. aussi par *Delacroix* et *Lasource ;* 13 oct. 1792, 3/4 de p. in-fol., tête impr. et cachet.

168. BUZOT (François-Nicolas-Léonard).

L. A. S. à sa femme ; 1er juin 1794, 2 p. 1/2 in-4.

Lettre des plus touchantes où il donne à sa femme de ses nouvelles et lui raconte que depuis huit mois il vit en fugitif. « J'ai beaucoup souffert, il est vrai : il est impossible de se faire une idée de nos étranges aventures, si on n'a pas éprouvé soi-même les mêmes dangers et d'égales souffrances. Cependant j'ai consenti à vivre. Des devoirs à remplir et l'espoir de la vengeance m'ont fait supporter tout avec courage. » Cependant leur situation est précaire : l'argent va leur manquer. Toutes les chances sont contre eux et ils ne peuvent se sauver que par un miracle. « Il faut donc nous quitter et pour jamais ! » Ensuite Buzot fait ses adieux et ses recommandations à sa femme. « J'ai laissé quelques écrits dans les mains de la personne qui te remettra ma lettre : ils sont au nombre de six, faits à la hâte, sans correction et sans ordre. » Il termine ainsi : « Adieu donc, ma chère amie, ma femme, adieu. S'il existe une Providence, et mon cœur se plaît à le croire, nous nous reverrons un jour dans quelque monde plus heureux et plus juste. Adieu; conserve de moi quelques tendres souvenirs. Pour moi, jusqu'à mon dernier soupir, je me souviendrai de toi! » (On sait que peu de jours après Buzot se suicida avec Petion.)

[Fac-similé d'une lettre autographe signée de Buzot, datée « 1ᵉʳ juin 1794 », avec la mention finale : « je fais un dernier adieu à tous ceux qui m'ont aimé ».]

169. BUZOT (Mme), femme du précédent.

L. A. S. au président de la Convention; 12 nivôse an II (1ᵉʳ janv. 1794), 2 p. in-4.

Elle se plaint d'avoir été, depuis deux ans, abandonnée par son mari, et demande à profiter de la loi sur le divorce, se regardant, d'après cette loi, comme tout à fait étrangère à Buzot. (Cette lettre, signée *la cy-devant femme de Buzot,* forme un contraste singulier avec la lettre d'adieux de Buzot à sa femme.)

170. CARNOT (Lazare), conventionnel, l'illustre organisateur des armées de la République, n. 1753, m. 1823.

1º L. A. S.; 5 pluviôse an II, 3/4 de p. in-4.

Réclamation pour une nomination demandée par les représentants du peuple près l'armée du Nord, et non encore signée par le ministre.

2º L. A. S. à Ch. Delacroix; 6 floréal an IV, 3/4 de p. in-4.

Relative au cit. Perret qui demande à suivre bénévolement et à ses frais une ambassade dans une des cours du Nord.

171. CARRA (Jean-Louis), un des chefs de l'insurrection du 10 août, conventionnel, proscrit au 31 mai, n. 1743, décapité avec les Girondins, le 31 oct. 1793.

1º L. A. S.; Paris, 25 nov. 1779, 1 p. 1/2 in-4. — 2º L. A. S. aux membres du corps électoral de Paris; (sept. 1791), 1 p. 1/2 in-fol.

Il pose sa candidature pour la Législative et s'appuie sur ses actes de civisme.

172. CARRIER (Jean-Baptiste), conventionnel, fameux par sa mission à Nantes, n. 1756, décapité le 16 nov. 1794.

P. S., sig, aussi par *Pocholle;* Rouen, 31 juill. 1793, 1 p. pl. in-fol. ❀

Ordre de conduire à Paris, sous bonne et sûre garde, la femme de Petion, qui vient d'être arrêtée à Fécamp.

173. CARRIER (Jean-Baptiste).

Projet de lettre autographe, avec ratures et corrections, à la Convention nationale; Caën, 2 août 1793, 1 p. 1/2 in-fol.

Annonce de la répression de la révolte girondine en Normandie. « Le trône de Buzot est enfin renversé. Il s'est enfui avec ceux qui conspiraient avec lui la perte de la patrie. Du sol où ils avoient allumé les torches de la guerre civile, ils vont les secouer encore dans des contrées qui semblent favoriser leurs criminelles espérances... » Il mande qu'il est entré à Caën aujourd'hui à 2 heures après midi et qu'il a délivré ses collègues Prieur et Romme après cinquante-un jours de captivité. « Ça va, çà va, et dans peu de jours ça ira encore bien mieux. »

174. CARRIER (Jean-Baptiste).

L. A. S. au comité de surveillance établi à Paimbœuf; Nantes, 17 brumair: an II, 3/4 de p. in-4.

Ordre de mettre promptement à exécution l'arrêté qu'il lui envoie.

175. CARRIER (Jean-Baptiste).

P. A. S.; Nantes, 4 frimaire an II, 3/4 de p. in-fol., tête impr., vig. et cachet.

Ordre aux marins qui montent et descendent la Loire, de Nantes à Angers, de ne pas s'écarter de la rive gauche.

176. CARRIER (Jean-Baptiste).

L. A. S. au Comité de salut public; prison de la Conciergerie, 14 frimaire an III, 1 p. 1/4.

Sachant que la correspondance des agents nationaux des districts de la ci-devant Bretagne lui est favorable, il invite le Comité à lui remettre promptement les extraits certifiés qui peuvent le concerner.

177. CAZALÈS (Jacques-Antoine-Marie de), constituant, royaliste dévoué, et le plus éloquent défenseur de la monarchie, n. 1758, m. 1805.

1º L. A. S. au journaliste Rozoi; 20 mai 1791, 1 p. in-4.

Réclamation contre le compte rendu inexact d'un de ses discours, donné par la *Gazette de Paris*.

2º L. A. S. à M. Dépanis, 3/4 de p. in-4, cachet.

178. CAZALÈS (Jacques-Antoine-Marie de).

L. A. S.; Londres, 26 août 1797, 1 p. in-4.

Demande de la croix de Saint-Louis. — On y a joint une lettre autographe de Louis XVIII au comte de La Chapelle, 1/4 de p. in-8, par laquelle il accorde la croix de Saint-Louis à Cazalès.

179. CERACCHI (Giuseppe), sculpteur italien, compromis dans un complot contre le premier consul, n. 1760, décapité en 1801.

L. A. S., en français, à son ami Gérard (le peintre); prison du Temple, 30 vendémiaire an IX, 1 p. 1/2 in-4.

Il prétend qu'il n'y a rien de vrai dans ce qu'on a publié sur son compte. On le calomnie après avoir assassiné sa famille. Il lui demande quelque argent qu'il lui remboursera aussitôt que le général Bernadotte l'aura satisfait. Son esprit est tranquille, parce qu'il sait que le temps fera connaître son innocence.

180. CERUTTI (Joseph-Antoine-Joachim), constituant, ami et collaborateur de Mirabeau, n. 1738, m. 1792.

Pièce autographe; 26 décembre 1790, 3 p. in-4.

C'est l'original du discours que Cerutti prononça dans l'assemblée électorale pour remercier les citoyens de l'avoir choisi. « Considérez les peuples; tous aiment la liberté; presque tous sont esclaves... Pourquoi? parce que les amis de la liberté sont moins unis que ceux de la tyrannie. »

181. CERUTTI (Joseph-Antoine-Joachim).

L. A. S.; Paris, 7 juillet 1791, 1 p. 3/4 in-4.

Épître très-curieuse où il accuse réception de la sage et touchante adresse du département des Deux-Sèvres sur l'arrestation de Louis XVI à Varennes. Les Marat, les Desmoulins, les Danton accusent déjà la *feuille villageoise* (journal de Cerutti) de prêcher l'aristocratie dans les campagnes, « parce que nous ne prêchons pas, dit-il, le meurtre, les incendies et le régicide. » Il termine en constatant que Louis XVI a beaucoup perdu dans l'esprit de ses peuples, et qu'il faut laisser reposer l'indignation publique.

182. CHABOT (François), capucin, député de Loir-et-Cher à la Convention, fameux montagnard, n. 1759, décapité en 1794.

P. A. S.; Paris, 13 brumaire an II, 1 p. double in-fol. oblong.

Intéressant document donnant les plus curieux détails sur l'état de fortune de Chabot. Il a pour titre : *Déclaration pour l'emprunt forcé par François Chabot, député, marié, ayant à sa charge son épouse qui a des revenus à elle.*

183. CHABOT (François).

L. A. S. à ses amis Danton, Merlin et autres braves montagnards; au secret du Luxembourg, 8 nivôse an II, 3/4 de p. in-4.

Touchante lettre où il proteste contre l'arrestation de sa sœur. « Lorsque je souffre pour la liberté un secret de quarante-deux jours, on incarcère tous mes amis et tous mes parents. Mes amis, si je ne reçois pas ce soir des nouvelles rassurantes de ma sœur, vous apprendrés demain qu'il est possible de mourir de chagrin et de désespoir. »

184. **CHALIER** (Marie-Joseph), célèbre révolutionnaire, surnommé *le Marat de Lyon,* n. 1747, décapité le 18 juillet 1793.

L. S., sig. aussi par *Vitet, Pressavin, Maisonneuve,* etc., au directoire du district de la campagne de Lyon; Lyon, 21 février 1791, 1 p. in-fol.

185. **CHALIER** (Marie-Joseph).

L. A. S. ; Paris, 13 août 1792, 1 p. in-4.

186. **CHAMBON DE LA TOUR** (Jean-Marie), député du Gard à la Convention, fameux par sa mission à Marseille après le 9 thermidor, n. 1750, m. 1800.

L. A. S. à Bouchotte; Paris, 20 juillet an II, 1 p. in-fol.

Relative à l'équipement de la compagnie de cavalerie de Perpignan. — Chambon s'intitule *suppléant à la Convention, député à Paris par les représentants du peuple près de l'armée des Pyrénées.*

187. **CHASLES** (Louis), chanoine de Chartres, député d'Eure-et-Loir à la Convention, un des membres les plus ardents du parti montagnard, célèbre par sa mission à l'armée du Nord, blessé à la bataille d'Hondschoote, n. 1754, m. 1826.

L. A. S. aux membres du Comité de salut public; Lille, 16 pluv. an II (4 mars 1794), 1 p. in-fol.

Il se défend des calomnies répandues sur son compte.

188. **CHAUMETTE** (Pierre-Gaspard), procureur de la Commune de Paris, n. 1763, décapité en 1794.

1° P. A. S., sig. aussi de *Momoro ;* (1792), 1/2 p. in-4.

Arrêté de la section de Marseille autorisant son comité militaire à distribuer 3oo liv. aux citoyennes dont les époux sont aux frontières.

2° P. A. S. ; 9 août 1793, 3/4 de p. in-4, tête impr.

Invitation aux artistes du Théâtre-Français de donner une représentation de *Guillaume Tell* et de l'*Apothéose de Beaurepaire.*

189. **CLÉMENT DE RIS** (Dominique), homme d'État, n. 1750, m. 1827.

L. A. S. (aux membres de la Société populaire de Nantes ?) ; Tours, 29 juin 1793, 1/2 p. in-fol.

Document révolutionnaire des plus curieux. Il a été inquiet sur le sort de leur ville, mais il a toujours espéré que les fiers Bretons, qui ont commencé la Révolution et l'ont si bien servie dans nos armées et à la glorieuse journée du 10 août, opposeraient une résistance invincible à la horde des brigands. Détails sur les opérations militaires. Westermann vient de battre les brigands à Parthenay. « L'arbre sacré de la liberté est replanté à Chinon, à Saumur et lieux circonvoisins. L'étendard tricolore a remplacé l'infâme drapeau blanc. » On va prendre des mesures sévères contre ceux qui ont livré Chinon aux brigands.

190. **CLOOTS** (Jean-Baptiste, baron de), dit *Anacharsis,* voyageur et philosophe, conventionnel, qui s'intitula l'*Orateur du genre humain,* n. 1755, décapité le 23 mars 1794.

P. A. S. ; 27 mars 1791, 2 p. 3/4 in-4, cachet.

Précieuse pièce adressée à Camille Desmoulins. Elle contient la copie d'une lettre de Mercier à Cloots et la réponse de celui-ci. — Mercier fait les plus grands éloges du livre de Cloots, l'*Orateur du genre humain,* mais s'étonne d'une note où l'ordre moral est absolument renversé. — Cloots répond à cette attaque et défend sa note où il s'est élevé avec énergie contre la débauche qui surcharge les hôpitaux d'enfants malades et contre la dépravation qui trouble l'harmonie d'un ménage par toutes les horreurs de l'adultère.

191. **CLOOTS** (Jean-Baptiste, dit *Anacharsis*).

L. A. S. aux amis du genre humain ; maison d'arrêt de Saint-Lazare, 11 ventôse an II, 2 p. 1/2 in-4.

Document des plus rares et des plus curieux. Cloots rappelle tous ses actes depuis son premier ouvrage révolutionnaire publié en 1779, dix ans avant la prise de la Bastille, et il leur envoie son *Appel au genre humain*. « Votre religion est suffisamment éclairée sur un vieux soldat de la révolution, sur le factieux, le désorganisateur, l'anarchiste, l'ultra-révolutionnaire Anacharsis Cloots, belge de naissance, français d'adoption, fondateur régicide de la république des droits de l'homme. La masse infecte des prisonniers me regarde comme un monstre ; j'approuve autant que jamais la grande mesure de l'incarcération des gens suspects. On n'ignore pas dans les prisons que je fus un des premiers provocateurs de cette mesure salutaire. Les scélérats me mangeraient volontiers le blanc des yeux. Un patriote jeté pêle-mêle dans une maison de suspicion se trouve sur la roue d'Ixion. Et voilà soixante-quatre jours et autant de nuits que mon supplice dure. Citoyens-hommes, la liberté ou la mort ! »

Anacharsis Cloots, né dans la Belgique, français depuis l'âge de onze ans, cultivateur à Crépi, électeur de Paris, et appellé à la Convention Nationale par sept départemens.

192. **COFFINHAL** (Jean-Baptiste), vice-président du tribunal révolutionnaire, proscrit avec Robespierre, n. à Aurillac, 1754, décapité en 1794.

L. A. S. ; 24 janv. 1791, 2 p. in-4, vig. et tête impr.

Lettre comme commissaire de police de la section de l'Isle. Elle est relative au batelier qui fait le service du passage de l'abreuvoir de l'île Notre-Dame.

193. **COFFINHAL** (Jean-Baptiste).

L. A. S. à Jourdeuil ; 12 août 1793, 1/2 p. in-4, cachet.

Il recommande son frère pour une place de commissaire des guerres, de juge de paix ou d'accusateur public de l'armée.

194. **COLLOT D'HERBOIS** (Jean-Marie), célèbre conventionnel et membre du Comité de salut public, n. 1750, m. à Sinamary, 8 janv. 1796.

L. A. S., 4 p. pl. in-4.

Très-curieuse lettre d'envoi de son rapport en faveur des soldats de Chateauvieux. Il annonce qu'il va faire jouer une pièce intitulée : *Ce que Voltaire a fait de mieux.*

195. **COUTHON** (Georges), célèbre conventionnel et membre du Comité de salut public, n. 1756, décapité le 28 juill. 1794.

L. A. S. à Gaultier de Biauzat, à Paris ; (Clermont-Ferrand), 28 fév. 1790, 3 p. in-4, cachet. Légère déchirure par la rupture du cachet.

Très-intéressante lettre sur la formation de la municipalité de Clermont-Ferrand et sur le projet de créer un comité de la révolution. Il trouve que le *Journal des impartiaux* dirigé par M. de Clermont-Tonnerre n'est pas assez impartial et a une odeur d'aristocratie qui l'a fort dégoûté.

196. **COUTHON** (Georges).

Trois lettres autographes, avec ratures et corrections, à ses collègues ; Blois, 3, 5 et 6 déc. 1792, 8 p. in-fol.

3 décembre : Annonce de son arrivée à Blois, des mesures qu'il a prises, de l'assemblée qui a eu lieu le dimanche dans la cathédrale, etc. L'effervescence vient de la mauvaise répartition des grains.

5 décembre : Proclamation aux citoyens du département de Loir-et-Cher. « La Convention nationale, qui n'existe que pour le bonheur du peuple, s'occupe dans ce moment d'une loi sur les subsistances..... et bientôt vous verrez, par l'effet de ces mesures, l'abondance exister partout... »

6 décembre : Détails sur son voyage à Beaugency qui a eu le plus heureux succès. Il a promulgué, à son retour à Blois, la proclamation ci-dessus. Il compte aller à Amboise dimanche ou lundi.

197. COUTHON (Georges).

L. A. S. à ses collègues Romme, Maignet, Soubrany, Gibergues et Artaud; Strasbourg, 4 avril 1793, 2 p. 3/4 in-4.

Document fort curieux où il fait un tableau peu flatteur de l'Alsace, qui est, dit-il, un pays détestable dont les habitants sont encore allemands de cœur, de mœurs et de langage. On ne reçoit les assignats qu'à moitié de leur valeur et on déblatère contre le nouveau régime. « Le fanatisme est encore ici à son comble, et, si la Convention n'y prend garde, il y arrivera des événements fâcheux. » Couthon parle ensuite de Dumouriez, que la Convention a bien fait de mander à sa barre. La conduite de ce général est au moins suspecte, surtout si on la rapproche de celle de Custine. Renseignements intéressants sur ce dernier, qui vient de se replier sur Landau. Couthon discute et blâme les opérations militaires de ce général et termine ainsi : « Tous ces événements, mes chers amis, cachent de grands complots. Il faut que la Convention s'attache uniquement à les découvrir et que des exemples sévères effrayent à jamais les traîtres et les scélérats. »

198. DANTON (Georges-Jacques), célèbre conventionnel, n. 1759, décapité le 5 avril 1794.

P. S.; (1792), 1 p. in-8 oblong.

Cette pièce, découpée d'un registre, constate que Danton voyage dans le royaume. — Au-dessous on a collé une pièce de même nature qui porte la signature de *Gabrielle-Antoinette Charpentier*, femme de Danton. — Derrière se trouve une pièce analogue portant la signature de Desaix, alors officier au 42e régiment.

199. DANTON (Georges-Jacques).

P. S., sig. aussi par *Roland, Clavière, Monge* et *Le Brun;* Paris, 17 août 1792, 1 p. 1/2 in-fol.

Ampliation de l'arrêté qui ordonne à Lafayette de remettre à Dumouriez le commandement de l'armée du Nord et de venir sur-le-champ à Paris rendre compte de sa conduite.

200. DANTON (Georges-Jacques).

Recommandation de cinq lignes A. S. sur une lettre d'un médecin nantais, Guillaume-Jacques Mallet; 21 août an IV de la liberté (1792), 2 p. in-fol.

Le citoyen Mallet demande à être nommé médecin du camp qui va se former sous Paris. — La pièce est aussi apostillée par *Basire, Merlin de Thionville* et *Albitte.*

201. DANTON (Georges-Jacques).

L. A. S. à sa femme; Liége, 17 déc. 1792, 3 p. pl. in-4. *Autographe de la plus grande rareté.*

Très-curieuse lettre écrite pendant sa mission en Belgique. Détails intimes. « Embrasse mille fois mon petit Danton. Dis lui que son papa tâchera de n'être plus longtemps à dada. » Il a appris que Rivarol l'a rangé parmi ceux qu'on pouvait gagner avec des dîners. Il dédaigne de répondre à cette calomnie. « Tu sçais combien ma vie entière et les combats que j'ai livrés contre les principaux ennemis de la liberté me mettent à portée de confondre tous les malveillants. »

202. DANTON (Georges-Jacques).

P. S., sig. aussi par *Delacroix, Camus* et *Gossuin;* Aix-la-Chapelle, 4 janv. 1793, 1/2 p. in-4.

Ordre au commissaire ordonnateur général Ronsin de leur envoyer la moitié des culottes et capotes destinées aux soldats.

203. DANTON (Georges-Jacques).

N° 200

N° 201

Pièce signée par les administrateurs de police; 11 germinal an II, 1 p. in-4, vig. et tête impr. de la Commune de Paris.

Document historique fort curieux. C'est l'ordre d'écrou de Danton à la maison d'arrêt du Luxembourg.

204. DARTHÉ (Auguste-Alexandre-Joseph), un des héros de la Bastille, ardent révolutionnaire, agent de Joseph Le Bon, n. 1769, décapité avec Babeuf en 1797.

L. A. S. à Gaiguouaguet; Arras, 28 germinal an II, 1 p. in-4.

Relative à la perte d'un paquet de papiers suspects. Lebon et lui sont furieux. Curieux détails.

205. DAUBERMESNIL (Antoine), député du Tarn à la Convention, fondateur de la secte des théophilanthropes, m. 1802.

L. A. S. (à Lasource); Castres, 9 avril an IV (1792), 4 p. in-4.

Très-intéressante lettre pleine de considérations politiques sur le changement de ministère et la marche à suivre. Il parle de Brissot, de Vergniaud et de Guadet.

206. DAUNOU (Pierre-Claude-François), historien et érudit, député du Pas-de-Calais à la Convention, secrétaire perpétuel de l'Académie des inscriptions, n. 1761, m. 1840.

L. A. S. à la Convention nationale ; à la Force, 25 brumaire an II, 2 p. 1/4 in-fol.

Important document historique. Daunou, arrêté comme signataire de la protestation des 6 et 19 juin contre la journée du 31 mai, déclare qu'il n'a donné sa signature que provisoirement et par irréflexion. Il rappelle longuement ses actes et termine en disant que sa conduite durant la révolution a été pure, sans intrigue et digne d'un ami sincère de la liberté, de l'égalité et de la souveraineté du peuple français.

207. DAVID (Jacques-Louis), peintre illustre, député de Paris à la Convention, membre du Comité de sûreté générale, n. 1748, m. 1825.

P. S., comme membre du Comité de sûreté générale, sig. aussi par ses collègues *Lavicomterie, Louis* (du Bas-Rhin), *Élie Lacoste, Bayle, Voulland* et *Guffroy;* 22 nivôse 1793, 1 p. in-4, tête impr.

Ordre d'arrestation d'un Hollandais contre-révolutionnaire.

208. DAVID (Jacques-Louis).

L. A. S. au Comité de salut public ; Paris, 27 messidor an III, 2 p. pl. in-fol.

Superbe lettre, écrite de la maison d'arrêt des Quatre-Nations. Arrêté à la suite des événements de prairial, David proteste énergiquement de son innocence. «Je ne suis coupable que d'avoir aimé cette liberté, l'objet de nos vœux et de vos efforts, avec toute la puissance d'un cœur formé pour elle : mais cette passion a été pure et sans mélange d'aucune vue étrangère à son objet, et je n'ai jamais *accusé, dénoncé ni fait arrêter personne.* » Il sollicite sa mise en liberté : « Ma santé s'altère, mes forces dépérissent. Je sens s'évanouir dans la douleur cette faible portion de talent que je reçus du ciel et que je voulus consacrer à la gloire de mon pays. Ne me condamnez pas à cette perte cruelle ou ne me forcez pas de survivre à moi-même. »

209. DAVID (Jacques-Louis).

L. S. par *Gautherot, Taunay, Topino-Lebrun, Gérard* et autres élèves de David, aux représentants du peuple; (frimaire an III), 1 p. 1/2 in-fol.

Curieuse pièce où ils sollicitent la mise en liberté de leur maître David. « Rendés David aux arts, à la peinture et à l'instruction public qui le réclament. Ne laissés pas plus longtemps ses talens dans l'avilissement. Qu'il soit rendu à son atelier et à ses élèves. »

210. DE BRY (Jean), conventionnel, un des plénipotentiaires assassinés à Rastadt et le seul qui survécut, n. à Vervins, 1760, m. 1834.

L. A. S. à Charles Nodier; Mons, 18 mai 1828, 3 p. in-4.

Lettre écrite d'exil et où il proteste de son attachement aux idées républicaines. Il a été surpris des inconcevables omissions de M. Thiers, d'autant plus qu'il possède l'estime la plus entière pour son beau talent et son impartialité. Il regrette que M. Thiers n'ait pas relevé les calomnies répétées si souvent sur l'événement de Rastadt, et il proteste qu'il n'a jamais attribué l'attentat à des émigrés français déguisés.

211. DELACROIX (Jean-François), député d'Eure-et-Loir à la Convention, n. 1754, décapité avec Danton le 5 avril 1794.

L. A. S. aux membres du Comité de salut public ; Évreux, 2 frimaire an II, 1 p. in-fol.

Superbe lettre dans laquelle il proteste énergiquement contre les calomnies d'Hébert qui l'accuse d'être le complice de Dumouriez. Il demande une enquête auprès de ses collègues Danton, Merlin (de Douai), Gossuin, Treilhard et Carnot.

212. DESMOULINS (Camille), un des plus célèbres conventionnels, n. 1762, décapité le 5 avril 1794.

L. A. S. à Mᵐᵉ Duplessis ; Paris, 10 juillet 1784, 2 p. in-4.

Intéressante lettre toute relative à un livret d'opéra qu'il a fait sur *Daphnis et Chloé* et dont M. Neveu doit composer la musique. Témoignages d'admiration et d'amour platonique pour Madame Duplessis. Camille Desmoulins termine par ce quatrain :

Heureux qui peut de plus près admirer,
Qui sans lorgnette vous contemple !
A ce bonheur pourquoi ne pourrois-je aspirer ?
Ferme-t-on la porte d'un temple ?

213. DESMOULINS (Camille).

L. A. S. *Desmoulins, avocat au Parlement* (à M. Duplessis) ; Paris, 26 mars 1787, 4 p. in-4.

Lettre des plus importantes pour la biographie de Camille. C'est une réponse détaillée aux objections de M. Duplessis relativement à la recherche que Camille Desmoulins faisait de Lucile. On y trouve les renseignements les plus curieux sur l'état de fortune, les espérances, les pensées intimes du célèbre publiciste. « Je vous conjure donc, dit-il en terminant, de revenir à vos premières dispositions si favorables et de reprendre pour moi le cœur d'un père... Ne me repoussez pas de votre sein, et qu'il me soit permis de vous donner à tous deux des noms auxquels mon cœur se refuseroit, si j'avois à les donner à d'autres... »

214. DESMOULINS (Camille).

L. A. S. (à Mᵐᵉ Duplessis) ; 10 mai 1790, 1 p. 1/4 in-4. Tache d'humidité au milieu de la lettre.

Lettre des plus curieuses où il exprime son amour pour Lucile Duplessis (qu'il épousa peu après). « Avez-vous remarqué comme Mademoiselle Lucile m'a renvoyé hier cruellement ; mais il faut toujours l'admirer de plus en plus et il doit lui être bien permis d'avoir un peu de fierté. J'espère bien qu'à présent du moins je n'ai plus de nouveaux talens à découvrir en elle. Si elle en a que j'ignore encore, je vous prie de me les cacher, car en vérité j'en suis bien assez fol... »

215. DESMOULINS (Camille).

L. A. S. à son père ; 18 déc. 1790, 1 p. in-4.

Il se plaint de ne pas avoir reçu encore le consentement de son père et de sa mère à son mariage. « Par votre lenteur mon mariage est retardé de huit jours... Cet établissement fait mon bonheur et ma fortune et la vôtre. »

216. DESMOULINS (Camille).

P. A. de l'abbé *Bérardier* ; 29 déc. 1790, 4 p. in-4.

Curieux document. C'est l'original du discours que l'abbé Bérardier prononça dans l'église Saint-Sulpice au mariage de CAMILLE DESMOULINS avec Lucile Duplessis. — On a joint à cette pièce une lettre aut. sig. de l'abbé Bérardier.

217. DESMOULINS (Camille).

L. A. S. au ministre ; (1792), 1 p. pl. in-4.

Il n'aurait pas fait auprès de l'évêque de Paris la démarche prématurée de Clootz, mais puisque le vin est tiré il faut le boire. « Or, pour consommer l'œuvre de la déprêtrisation universelle, l'ouvrage du citoyen Peyrard, excellent patriote et membre du département, est ce qu'il y a de mieux à mettre en circulation... »

218. DESMOULINS (Camille).

1o P. A., 1 p. in-4.

Fragment du *Vieux Cordelier*.

2o Deux lettres adressées par *Mahérault* et *Massé* à Camille Desmoulins; 1791 et an II, 1 p. in-8 et 4 p. in-4.

3o Écharpe tricolore de représentant du peuple ayant appartenu à Camille Desmoulins.

219. DESMOULINS (Camille).

Pièce signée par les administrateurs de police; 11 germinal an II, 1 p. in-4, tête impr. et vig. de la Commune de Paris.

Pièce historique. C'est l'ordre d'écrou de CAMILLE DESMOULINS à la maison d'arrêt du Luxembourg.

220. DESMOULINS (Camille).

1o L. A. de M. *Duplessis*, beau-père de Camille Desmoulins, à sa femme, 1 p. in-8.

Il annonce qu'il vient d'être envoyé par le Comité de sûreté générale à la caserne de la rue de Vaugirard.

2o *Acte de naissance d'Horace* (fils de Camille Desmoulins, né le 6 juillet 1792), pièce aut. de *Madame Duplessis*, 2 p. in-4.

3o P. A. de *Madame Duplessis*, 2 p. in-8.

Curieux détails sur le mariage de Camille Desmoulins.

4o 3 P. A. de *Lucile Duplessis*, femme de Camille Desmoulins, 6 p. in-4 ou in-8.

Parmi ces pièces figure une *Prière à Dieu*. On a joint une broderie exécutée par Lucile.

221. DESMOULINS (Camille).

L. S. par la *veuve Duplessis*, belle-mère de Camille Desmoulins, au Comité de législation; Paris, 28 pluviôse an III, 3/4 de p. in-fol.

En sa qualité de tutrice d'Horace Desmoulins, orphelin de Camille, elle réclame pour ce jeune infortuné le lit et la bibliothèque de son père. « Ces objets, aussi urgens pour subvenir à ses besoins que pour l'utilité de son éducation, ne peuvent lui être refusés. » Elle réclame aussi les papiers de famille et les manuscrits de Camille. — A la suite est une apostille aut. sig. de *Fréron*, signée aussi par *Aubry. Tallien, Ysabeau, Rovère*, etc. Ces représentants appuient la demande de la citoyenne Duplessis et sollicitent un sursis dans la vente des effets de Camille Desmoulins. — Le sursis fut accordé le 2 ventôse, ainsi que le prouve la copie, jointe à la pièce, de l'arrêté du Comité des finances.

222. DOBSENT, président du tribunal révolutionnaire de Paris après le 9 thermidor.

P. S.; 4 fructidor an II, 1 p. in-4, vig., tête impr. et cachet.

Ordre de mise en liberté.

223. DROUET (Jean-Baptiste), député de la Marne à la Convention, fameux par la part qu'il prit à l'arrestation de Louis XVI à Varennes, n. 1763, m. 1824.

P. A. S., sig. aussi par *Isoré* et *Bar ;* sept. 1793, 1 p. in-4, cachet.

224. DROUET (Jean-Baptiste).

L. A. S. au ministre de la justice; maison d'arrêt de l'Abbaye, 17 thermidor an IV, 3 p. 1/2 in-4, enveloppe.

Il proteste avec énergie contre sa mise au secret, vu qu'on ne lui a même pas encore signifié le décret d'accusation.

225. DROUET (Jean-Baptiste).

L. A. S.; Châlons-sur-Marne, 9 fructidor, 2 p. in-fol., vig. et tête impr.

Il recommande chaudement le citoyen Guillaume, qui l'aida à arrêter Louis le traître à Varennes, et qui sollicite un emploi dans les remontes.

226. DUCOS (Jean-François), célèbre conventionnel girondin, n. à Bordeaux, 1765, décapité le 31 oct. 1793.

L. A. S. aux administrateurs du département de la Loire-Inférieure; Paris, 11 sept. an IV de la liberté (1792), 1 p. in-fol.

Autographe très-rare. Demande des procès-verbaux de nomination des membres de l'Assemblée nationale qui viennent d'être élus à la Convention nationale.

227. DUCOS (Jean-François).

1º Apostille de cinq lignes A. S.; 12 sept. 1792, 1 p. in-fol., cachet. — 2º P. A., avec ratures et corrections, 7 p. in-4.

Discours politique.

228. DULAURE (Jacques-Antoine), historien et archéologue, député du Puy-de-Dôme à la Convention, proscrit avec les Girondins, n. 1755, m. 1835.

P. A., 8 p. in-4. Incomplète de la fin.

C'est sa biographie rédigée par lui-même.

229. DUMAS (René-François), fameux membre du club des Jacobins, président du tribunal révolutionnaire, exécuté avec Robespierre en 1794.

L. A. S. à Berlier; 18 brumaire an II, 3 p. in-4.

Relative aux conséquences de l'effet rétroactif du décret concernant l'égalité des partages dans les successions.

230. DUPORT (Adrien), un des plus célèbres membres de la Constituante, ami et émule de Barnave, n. 1759, m. 1798.

L. A. S. à M. Regnier; 16 sept. 1789, 1 p. pl. in-8.

Relative à la terre du Bignon (qu'il avait achetée à la mort du marquis de Mirabeau).

231. DUQUESNOY (E.-D.-F.-J.), député du Pas-de-Calais à la Convention, ardent montagnard, ami de Robespierre, compromis dans l'insurrection de prairial an III, mort par suicide pour éviter l'échafaud, le 16 juin 1795.

Défense du représentant du peuple Duquesnoy, P. A. S.; (juin 1795), 4 p. pl. in-4.

Document historique fort curieux dans lequel Duquesnoy déclare n'avoir pris aucune part à l'insurrection du 1er prairial. Il expose sa conduite, proteste énergiquement de son innocence et de son amour pour la patrie, et demande justice de l'accusation portée contre lui.

232. DUROY (Jean-Marie), député de l'Eure à la Convention, compromis dans l'insurrection de prairial an III, décapité en 1795.

L. A. S. à l'agent national du district de Montbéliard; Strasbourg, 4 germinal an II, 1/2 p. in-4, vig. et tête impr.

Il annonce qu'il organise la cavalerie de l'armée du Rhin.

233. ÉPRÉMÉNIL (Jean-Jacques Duval d'), conseiller au Parlement de Paris, député aux États-Généraux, défenseur des priviléges de la noblesse, n. 1746, décapité en 1794.

L. A. S. au baron de Breteuil; île Sainte-Marguerite, 8 juin 1788, 3 p. 1/2 in-4.

Relative aux bons traitements qu'il reçoit dans le fort où il est retenu prisonnier. On a mis une sentinelle à sa porte lorsqu'il allait lui-même provoquer cette mesure.

234. FABRE D'ÉGLANTINE (Philippe-François-Nazaire), poëte comique, député de Paris à la Convention, n. à Carcassonne, 1755, décapité le 5 avril 1794.

Observations sur l'efficacité de l'antiméphitique découvert par M. Janin de Combe-Blanche, P. A. S.; Nîmes, 10 mars 1786, 3 p. 1/4 in-4.

235. FABRE D'ÉGLANTINE (Philippe-François-Nazaire).

> P. S.; 19 janv. 1790, 2 p. in-fol., cachet.

236. FABRE D'ÉGLANTINE (Philippe-François-Nazaire).

> L. A. S. au Comité de sûreté générale ; 11 pluviôse an II, 3 p. 1/4 gr. in-fol.
>
> Document historique des plus importants, dans lequel Fabre d'Eglantine, alors détenu, expose longuement les motifs qui l'ont engagé à demander l'arrestation du citoyen Vincent. (On sait que c'est à la suite de cette affaire que Fabre d'Eglantine fut attaqué par les Cordeliers et les Jacobins et enfin arrêté.)

237. FAUCHET (Claude), prédicateur du roi, conventionnel, évêque constitutionnel du Calvados, proscrit avec les Girondins, n. 1744, décapité le 31 oct. 1793.

> 1° L. S. aux amis de la Constitution, à Lisieux ; Paris, 9 nov. 1791, 1 p. 3/4 in-4.
> Relative au décret contre les émigrés.
>
> 2° L. S. aux mêmes ; Paris, 1er février 1792, 1 p. in-4.
> Envoi de ses discours sur les traités, la guerre et le commerce.

238. FAUCHET (Claude).

> L. A. S. à Palloy ; 3 fév. 1792, 1 p. in-4, cachet.
> Curieuse lettre de remercîments de l'envoi d'une pierre de la Bastille.

239. FAUCHET (Claude).

> P. S. par *François Chabot;* 14 juillet 1793, 1 p. in-fol., vig., tête impr. et cachet.
> Ampliation du décret de la Convention qui ordonne la mise en arrestation de FAUCHET.

240. FAVRAS (Thomas MAHY, marquis de), agent du comte de Provence, condamné comme coupable de haute trahison, n. à Blois, 1745, pendu le 19 fév. 1790.

> 1° L. A. S. au chevalier Dupuis de Gerville; la Haye, 7 juin 1785, 2 p. in-4, cachet.
> Relative à l'état de ses dettes.
>
> 2° L. A. S. à Messeigneurs (les députés aux États-Généraux); Paris, 14 déc. 1789, 2 p. 1/2 gr. in-fol.
> Document historique très-curieux où il expose ses vues pour réparer le désordre des finances et parle de deux écrits qu'il a publiés à ce sujet.

241. FERAUD (J.), député des Hautes-Pyrénées à la Convention, célèbre par le courage qu'il déploya dans ses missions aux armées, n. 1764, massacré dans le sein de la Convention le 26 mai 1795.

> Fin de lettre aut. sig.; (17 pluviôse an II), 3/4 de p. in-fol.
> Rapport sur la situation des esprits à Oleron.

242. FERNIG (Théophile de), une des deux héroïnes qui ont immortalisé leur nom dans les premières guerres de la République comme aides de camp de Dumouriez, n. à Mortagne (Nord), 1779, m. 1818.

> 2 L. A. S. aux cit. Brémond et Audeval; an VI, 4 p. in-4.
> Curieuses lettres intimes, dont l'une sur la fâcheuse position des Français en Italie.

243. FOUCHÉ (Joseph), duc d'Otrante, conventionnel, fameux par ses excès, ministre de la police sous Napoléon Ier, n. 1763, m. 1820.

L. A. S. au Comité de salut public; Clamecy, 17 août 1793, 1 p. in-fol.

Récit, en style révolutionnaire, de l'heureux succès de sa mission à Clamecy. Les citoyens étaient divisés, mais ils se sont rapprochés et se sont embrassés. « Ils ont bu dans la coupe de l'égalité l'eau de la régénération. »

244. FOUCHÉ (Joseph).

L. A. S. au Comité de salut public; Nevers, 7e jour de la 3e décade du 1er mois de l'an II, 1 p. in-fol., vig. et tête impr.

Envoi de 1081 marcs dix onces d'argenterie et 12,000 livres en or. « Ces sommes sont le produit des oblations de l'aristocratie qui, à l'article de la mort, cherche à rachetter ses crimes. »

245. FOUCHÉ (Joseph).

L. A. S. au préfet de police; Paris, 20 vendémiaire an IX, 1/2 p. in-4, vig. et tête impr.

Pièce historique. — Ordre de faire arrêter Philippe Arena, « qui est prévenu d'être le chef du complot tramé contre la vie du premier Consul. » (On sait qu'Arena fut pris, condamné et décapité.)

246. FOUQUIER DE TINVILLE (Antoine-Quentin), le fameux accusateur public près le tribunal révolutionnaire, n. 1747, décapité le 8 mai 1795.

L. A. S. *Fouquier de Tinville* à l'avocat Desclozeaux; 24 avril, 2 p. 1/2 in-4. Déchirure par le cachet près de la signature.

Lettre d'affaires, antérieure à la Révolution, comme l'indique la signature.

247. FOUQUIER DE TINVILLE (Antoine-Quentin).

L. A. S. aux membres du Comité de salut public; Paris, 22 avril 1793, 2 p. in-fol.

Très-intéressante lettre où il demande, vu les affaires dont il est accablé, que le Comité de salut public l'autorise à conserver les deux secrétaires qu'il a pris provisoirement. « Je me suis voué tout entier à la chose publique, comme doit le faire tout bon citoyen, au point que je couche au palais et qu'en conséquence on m'y trouve jour et nuit. »

248. FOUQUIER DE TINVILLE (Antoine-Quentin).

P. S.; tribunal révolutionnaire, 18 brumaire an II (8 novembre 1793), 1 p. in-8, tête impr.

Précieux document. C'est l'ordre d'exécution de Madame Roland. Il porte que l'exécution des nommés femme Rolland (sic) et Lamarche aura lieu à trois heures et demie sur la place de la Révolution.

249. FOUQUIER DE TINVILLE (Antoine-Quentin).

P. S.; 24 brumaire an II (14 nov. 1793), 1 p. in-8, tête imp.

Ordre d'exécution de Manuel (le procureur de la Commune).

250. FOUQUIER DE TINVILLE (Antoine-Quentin).

P. S.; 12 ventôse an II, 1 p. in-4, tête impr.

Ordre d'exécution de Larocque, ci-devant général, et de René-Pierre Enjubault et Pierre-Jean Sourdille, administrateurs du département de la Mayenne.

251. FOUQUIER DE TINVILLE (Antoine-Quentin).

P. S.; 4 germinal an II (24 mars 1794), 1 p. in-4, tête impr.

Très-curieuse pièce. C'est l'ordre d'exécution du fameux Hébert et de dix-huit de ses complices, parmi lesquels *Momoro, Ronsin, Vincent, Clootz*, etc. L'exécution aura lieu à trois heures sur la place de la Révolution. L'ordre marque qu'il faudra trois voitures.

252. FOUQUIER DE TINVILLE (Antoine-Quentin).

L. A. S. (aux membres du Comité de salut public); Paris 17 floréal an II, 1 p. pl. in-4.

Important document historique. Il les prévient que, par suite de la nécessité de faire un exemple, il mettra en jugement, le 19, tous les fermiers-généraux (parmi lesquels était Lavoisier), et, le primidi, la ci-devant qualifiée Madame Elisabeth, les ci-devant marquise Crussol d'Amboise, de Senozan et de Laigle, le ci-devant marquis de Sourdeval et toute la famille Loménie, au nombre de vingt-cinq.

253. FOUQUIER DE TINVILLE (Antoine-Quentin).

3 P. S.; an II, 3 p. in-4, tête impr.

Ordres d'exécution.

254. FOUQUIER DE TINVILLE (Antoine-Quentin).

2 P. S.; an II, 1 p. 1/2 in-4, têtes impr.

255. FRANCASTEL, conventionnel, célèbre par sa mission en Vendée.

L. A. S., sig. aussi par *Hentz*, au Comité de salut public ; Niort, 26 germinal an II, 4 p. pl. in-fol., tête impr.

Rapport des plus curieux sur l'état des esprits à Niort et à Fontenay. Dénonciation contre les sociétés populaires qu'il faut épurer. « Le grand vice de ce pays-cy est l'égoïsme. Ils sont aussi loin du républicanisme que le ciel l'est de la terre. Ici on sacrifie la république à une vache, à un champ; ici on ne croit pas à la révolution, ni conséquemment aux indemnités promises à ceux qui ont éprouvé des pertes. Le peuple est cependant bon : nous l'éclairerons... »

256. FRÉRON (Louis-Stanislas), fils du critique, conventionnel, fameux par sa mission à Marseille, le chef de la *ieunesse dorée* après le 9 thermidor, n. 1765, m. 1802.

L. A. S. à un ami; Marseille, 13 brumaire an II, 4 p. in-4.

Détails intéressants sur sa mission et l'état de l'armée sous Toulon. « Barras vient de partir avec ses moustaches et cinquante dragons pour donner la chasse à des conspirateurs qui, réfugiés dans les montagnes, tirent des coups de fusil sur les patriotes. »

257. GARDIEN (Jean-François-Martin), conventionnel, membre de la commission des douze, n. 1752, décapité avec Vergniaud, le 31 oct. 1793.

L. A. S. aux administrateurs...; Paris, 11 déc. 1792, 1 p. in-fol. Belle et rare pièce.

258. GARDIEN (Jean-François-Martin).

L. A. S. à Maximilien Robespierre, « digne représentant du peuple françois »; 23 octobre 1793, 1 p. in-4.

Il est arrêté et va paraître devant le tribunal révolutionnaire ; il lui écrit cette humble lettre pour lui envoyer des pièces pour sa justification et le prier d'être son défenseur officieux.

259. GENSONNÉ (Armand), conventionnel, un des membres les plus célèbres du parti girondin, n. 1758, décapité le 31 oct. 1793.

1º L. S. aux administrateurs du département de la Loire-Inférieure; Paris, 29 mars 1792, 1 p. 1/4 in-fol. — 2º P. S., sig. aussi par *Brissot* et *Lasource;* 17 août 1792, 1 p. in-4.

260. GENSONNÉ (Armand).

L. A. S. au ministre de la guerre; Paris, 7 sept. 1792, 1/2 p. in-4.

Recommandation pour M. Guilbert-Latour qui sollicite une place de commissaire des guerres.

261. GERLE (Dom Christophe-Antoine), constituant, célèb e par le rôle qu'il joua dans l'affaire de Catherine Théot, n. en Auvergne, 1746, m. 1805.

L. A. S. (à Palloy); Paris, 25 juin an IV de la liberté (1792), 1 p. in-4.

Remercîments de l'envoi d'une pierre de la Bastille. « Je porterai et conserverai ce gage dont le prix n'est connu que de ceux qui, comme moi, aiment le peuple et sont invariables dans leurs sentiments sur l'égalité des hommes et sur leur liberté. »

262. GERLE (Dom Christophe-Antoine).

    L. A. S. à Reubell; (1796), 1 p. in-4.

Curieuse pièce. Il demande une place. Il se flatte que, mettant en oubli toutes les calomnies dont il a été l'objet, Reubell ne le méconnaîtra pas sous le ncm de sa mère qu'il a adopté. (La lettre est en effet signée *Gerle Chalini*.)

263. GOHIER (Louis-Jérôme), député d'Ile-et-Vilaine à l'Assemblée législative, ministre de la justice en 1793, membre du Directoire, célèbre par son opposition au coup d'État du 18 brumaire, n. 1746, m. 1830.

    2 L. A. S. au cit. Botot (secrétaire de Barras); ans V et VI, 1 p. 1/2 in-4.

264. GONCHON, le fameux orateur populaire du faubourg Saint-Antoine.

    1° L. A. S. à Garat; Lyon, 21 juin an II, 3 p. 1/4 in-4.

Détails curieux sur la situation de Lyon et de ses habitants, menacés d'une disette.

    2° L. A. S. à Garat; Paris, 26 juillet 1793, 3 p. 1/4 in-fol.

Rapport sur ce qu'il a fait à Lyon où Birotteau prêchait la contre-révolution.

265. GOUGES (Olympe de), femme de lettres, qui défendit courageusement Louis XVI dans ses écrits, n. 1755, décapitée le 4 nov. 1793.

    1° L. S. à Bernardin de Saint-Pierre; 27 juill. 1792, 1 p. in-4.

Jolie lettre d'envoi de ses ouvrages.

    2° L. S. à Servan; Paris, 24 août 1792, 2 p. 1/2 in-4, cachet brisé.

Recommandation en faveur de son fils.

266. GOUJON (Jean-Marie-Claude-Alexandre), député de Seine-et-Oise à la Convention, compromis dans l'insurrection de prairial, n. à Bourg, 1766, m. par suicide en mai 1795.

    L. A. S. à Santerre; ce mardi matin, 1 p. pl. in-4.

Relative au départ des volontaires.

267. GOUPILLEAU (Philippe-Charles-Aimé), dit *Goupilleau de Montaigu*, célèbre conventionnel montagnard, n. 1760, m. 1823.

    L. A. S. à un ami; Montaigu, 13 messidor an V (1er juillet 1797), 4 p. in-4.

Curieux tableau de la situation politique. Violente sortie contre les prêtres. « Les prêtres, s'écrie-t-il, ont dans tous les siècles fait le malheur du monde. Les druides comme l'abbé Maury vivaient de leurs impostures et ne croyaient pas un mot de ce qu'ils disaient aux peuples pour les subjuguer à leur despotisme. J'ai contr'eux une haine qui me suivra jusqu'au tombeau. Je suis ici dans un pays où par eux, pour eux, par leurs infernales séductions, trois cent mille hommes ont perdu la vie... »

268. GRANGENEUVE (Jacques-Antoine), célèbre conventionnel girondin, n. 1750, décapité le 21 déc. 1793.

    L. A. S. (au président de l'Assemblée nationale); Paris, 8 juill. 1792, 1 p. in-4.

Autographe très-rare. Il a rendu plainte en crime d'assassinat contre M. Jounault, député à l'Assemblée nationale. Il sollicite la décision du Corps législatif à ce sujet.

269. GRANGENEUVE (Jacques-Antoine).

    P. S., sig. aussi par *Guadet, Gensonné, Lacretelle* et *Thuriot*; 28 nov. 1791, 3/4 de p. in-fol., vig., tête impr. et cachet.

270. GUADET (Marguerite-Elie), célèbre conventionnel, surnommé le *Danton de la Gironde*, n. à Saint-Emilion, 1758, décapité en 1794.

    L. A. S. à son père; 18 déc. 1792, 1 p. in-4.

Lettre pleine de tendresse. Il annonce qu'il rédige l'article *Convenion* de la *Gazette nationale*. L'écrit de Louvet contre Robespierre est curieux par les détails et bien intéressant par le style.

271. GUADET (Marguerite-Elie).

1º L. A. S., 1/2 p. in-4. — 2º L. S. au procureur-syndic de la Loire-Inférieure; Paris, 27 janv. 1792, 1/2 p. in-fol.

272. GUILLEMARDET (Ferdinand-Pierre-Marie-Dorothée), conventionnel, ambassadeur en Espagne sous le Directoire, n. 1765, m. 1808. Son portrait, peint par Goya, est conservé au Louvre.

L. A. S. au Comité de sûreté générale; 16 prairial an III, 3 p. in-fol.

Pièce historique. Prévenu du mouvement qui se préparait dans la commune de Paris, le 1er prairial, par un rappel battu dans sa section, il s'est empressé d'accourir au sein de la Convention. Il a vu bientôt la Représentation nationale violée dans son enceinte, attaquée par des furies et des assassins, le président entouré de poignards, des hommes en révolte dictant de la tribune des lois à 60 ou 80 députés qui siégeaient encore au milieu d'une foule avide de carnage. Il a vu son courageux collègue Féraud tomber à ses côtés, et quelques moments après sa tête présentée aux regards farouches des monstres demandant de nouvelles victimes.

273. HANRIOT (François), commandant général de la garde nationale, n. 1761, décapité avec Robespierre en 1794.

L. A. S. à ses camarades; 1er juill. 1793, 1 p. in-4.

Il ne veut pas répondre aux dénonciations dont il est l'objet et les engage à veiller eux-mêmes sur sa conduite.

274. HENTZ (Charles-Nicolas), député de la Moselle à la Convention, fameux par les excès qu'il commit pendant ses missions à l'armée du Nord et en Vendée, n. 1750, m. 1824.

L. A. S. à Bouchotte; Mézières, 28 brumaire an II, 2 p. 1/4 in-fol.

Très-intéressant rapport sur des généraux qu'il a cru devoir destituer comme traîtres ou qu'il juge incapables de commander.

275. HENTZ (Charles-Nicolas).

L. A. S., sig. aussi par *Francastel*, au Comité de salut public; Angers, 23 ventôse an II, 3 p. pl. in-fol., vig. et tête impr.

Ils voient que le comité est assailli des pleureurs et des égoïstes de ce pays, qui sont cause de la malheureuse guerre de la Vendée. Elle ne dure si longtemps que parce qu'ils se sont toujours opposés aux mesures rigoureuses. La guerre n'est qu'une chasse de brigands. Ils viennent d'interroger une fille de dix-huit ans, à la naïveté de laquelle ils ajoutent foi. Elle a été prise dans l'armée de Stofflet. Il résulte de ses réponses que Stofflet a un rassemblement permanent de 1,500 hommes, qu'il a la confiance de plusieurs Vendéens, mais pas de tous; qu'il n'est rien moins que d'accord avec Charette et que ces deux chefs cherchent à se débaucher des hommes. La misère commence à se faire sentir chez eux depuis qu'on brûle leurs repaires. La plupart ont la gale. Ce qui a le plus touché les représentants, c'est qu'ils ont invité cette fille elle était encore habillée en garçon et était depuis plusieurs mois dans l'armée de Stofflet) à retourner dans cette armée et à chercher de remettre les paysans à la raison. Elle a répondu que le succès était impossible, tant ces malheureux étant fanatisés par les prêtres. Et comme son intervention serait inutile, elle a demandé de rester parmi les bleus.

276. HÉRAULT DE SÉCHELLES (Marie-Jean), député de Seine-et-Oise à la Convention, un des principaux rédacteurs de la Constitution de 1793, membre du Comité de salut public, n. 1760, décapité le 5 avril 1794.

1º L. A. S. à l'abbé Massieu, 3/4 de p. in-4, cachet. — 2º L. A. S. à M. Godard; Paris, 25 juin 1785, 1 p. 1/2 in-4. — 3º L. A. S.; 3 mars 1789, 1 p. 1/2 in-4. — 4º L. A. S.; Chambéry, 17 mai 1793, 3/4 de p. in-fol.

277. HÉRAULT DE SÉCHELLES (Marie-Jean).

L. A. S. aux représentants du peuple; prison du Luxembourg, 26 ventôse an II, 4 p. pl. in-fol.

Superbe lettre, écrite le lendemain de son arrestation. Il proteste avec énergie contre l'accusation d'avoir logé un émigré. Le citoyen auquel il a donné asile est un commissaire des guerres, nommé Catus, récemment employé par le Comité de salut public et actuellement en congé pour cause de santé. Longs détails à ce sujet. « Incapable de trahir mes serments, les loix et la patrie, si dans ma vie j'ai commis des fautes (et quel est l'homme qui n'en commet pas?), soyez certains que mes fautes ne furent jamais que d'excusables erreurs! J'appelle, en finissant, le glaive de la loi sur moi ou sur mon calomniateur. Il n'y a pas de milieu. »

278. **HERMAN** (Armand-Martial-Joseph), président du tribunal révolutionnaire, n. à Saint-Pol (Artois), 1759, décapité le 6 mai 1795.

L. A. S. au Comité de salut public; Paris, 21 frimaire an II, 1 p. in-4, cachet.

Il demande que désormais on ne fasse plus subir d'interrogatoire aux prévenus lors de leur arrivée.

279. **ISNARD** (Maximin), célèbre et éloquent conventionnel, surnommé le
Danton de la Gironde, n. à Grasse, 1758, m. 1830.

L. A. S. à ses collègues de l'Assemblée; Grasse, 19 fructidor an III (5 sept. 1795), 1 p. in-4.

Il déclare être né le 18 février 1758.

280. **ISORÉ** (Jacques), conventionnel montagnard, n. à Cauvigny en Beau-
vaisis, 1758, m. 1839.

L. A. S. au représentant Dumont; Arras, 5 frimaire an II (25 nov. 1793), 1 p. 1/2 in-4.

Il l'engage à écouter aveuglément le citoyen Makerel, maire de Cassel; c'est un bon qui a déjà fait marcher la guillotine sur plusieurs contre-révolutionnaires. On parlait de traîtres dans la ville de Douai. Il est bien sûr que cette ville, comme celles d'Arras et de Lille, quand quelques-uns de ceux qui désiraient Cobourg auront joué à main chaude, marchera au pas, ainsi que l'a promis le sans-culottisme.

281. **LA FAYETTE** (Marie-Jean-Paul-Roch-Yves-Gilbert Motier, marquis
de), un des libérateurs de l'Amérique et des promoteurs de la Révolution
française, n. 1757, m. 1834.

1° P. A., avec ratures et corrections; (1792), 1 p. in-4.

Minute d'un discours sur la déclaration de la patrie en danger.

2° L. A. S. à M. Sensier père; 11 sept. 1827, 1/2 p. in-4. — 3° L. A. de Condorcet, 1 p. in-4.

Relative à Lafayette et à Luckner.

282. **LAIGNELOT** (Joseph-François), auteur dramatique, conventionnel,
célèbre par sa mission en Vendée, n. 1752, m. 1829.

L. A. S. au Comité de salut public; Brest, 19 nivôse an II, 1 p. 1/4 in-fol.

Curieux détails sur le mauvais esprit des habitants de Brest. On peut compter sur les matelots. Il a été affligé, en traversant la Bretagne, « de l'ignorance, de la stupidité, de la barbarie de ceux qui l'ha-biteut. »

283. **LALLY-TOLENDAL** (Trophime-Gérard, marquis de), fils de l'infortuné
général, député de la noblesse de Paris aux Etats-Généraux, membre de
l'Acad. fr., n. 1751, m. 1830.

1° L. A. S. au président (de la Convention); Londres, 5 nov. 1792, 3/4 de p. in-4.

Envoi du mémoire catalogué ci-après.

2° P. A. S.; Londres, 5 nov. 1792, 2 p. 1/2 in-fol.

Document du plus haut intérêt. Il demande à défendre Louis XVI et sollicite un sauf-conduit. « Louis XVI est accusé. Je me présente pour le défendre, pour défendre celui qui a cassé l'arrêt par lequel le cy-devant Parlement de Paris a fait tomber la tête de mon père. J'écarterai les questions politiques, excepté celle de l'inviolabilité roiale. Je laisse au ciel à juger entre les différents partis et à faire triompher le plus juste... »

284. **LAMOURETTE** (Adrien), évêque constitutionnel de Lyon, député à
l'Assemblée législative, auteur d'une motion fameuse qui aboutit à une
réconciliation éphémère des partis, n. 1742, décapité le 10 janv. 1794.

L. A. S.; Paris, 12 déc. 1791, 3/4 de p. in-fol. Belle pièce.

285. **LASOURCE** (Marie-David-Albin), célèbre conventionnel girondin,
n. 1762, décapité le 31 oct. 1793.

L. A. S. au président de la section des Tuileries; 6 sept. an IV de la liberté (1792), 1/2 p. in-4.

Il envoie son habit d'uniforme pour être donné à un des braves citoyens qui volent aux frontières.

286. LE BON (Joseph), le fameux conventionnel, n. 1765, décapité en 1795.

L. A. S. aux membres de la Société des amis de la Constitution; Verdun, 7 mars an II, 2 p. in-4, cachet.

Très-curieuse lettre, signée *Le Bon, prêtre de la Société des amis de la Constitution, de Beaune*. Il demande l'exécution des lois concernant les ecclésiastiques réfractaires, afin que le fanatisme sacerdotal ne puisse influer sur la quinzaine de Pâques.

287. LE BON (Joseph).

L. A. S. à la citoyenne Elisabeth Regnier, à Saint-Paul, chez sa mère, aubergiste; Arras, 24 oct. an I, 1 p. in-4.

Il presse son mariage et lui présage qu'ils ne seront pas malheureux ensemble. « De la simplicité, ma chère, de la bonne humeur et de la patience, avec ces qualités on va loin. »

288. LE BON (Joseph).

L. A. S. à sa femme; Saint-Pol, 28 août an II, 2 p. in-fol. Légères taches de rousseur.

Important document dans lequel il annonce une grande victoire sur les rebelles. « La guillotine est maintenant plantée sur la place de Saint-Pol. Demain nous la planterons à Pernes et à Béthune... Tranquillise-toi... Les gardes nationales d'Arras et de Saint-Pol m'ont juré de me suivre en enfer, si je l'exigeais. La Vendée du Pas-de-Calais est perdue. » Il termine par ces mots : « La patrie avant moi, la patrie avant toi, et nous immédiatement après la patrie. »

289. LE BON (Joseph).

L. A. S. au Comité de salut public; Boulogne, 6 frimaire an II, 2 p. in-4.

Curieuse épître révolutionnaire où on remarque cette phrase : « Il ne se passe pas vingt-quatre heures que je ne dépêche au tribunal criminel révolutionnaire à Arras deux ou trois gibiers de guillotine. »

290. LE BON (Joseph).

L. A. S. aux Comités de salut public et de législation; Amiens, 5e jour complémentaire an III, 3/4 de p. in-4.

Les défenseurs que le tribunal a nommés ont tous refusé de défendre Le Bon. « Je me vois à la veille d'être jugé sans que personne prenne ma défense. »

291. LE BON (Joseph).

1o P. A. S.; Calais, 15 frimaire an II, 1 p. in-4, cachet. — 2o P. S., avec 2 lignes aut.; Calais, 23 brumaire an II, 1 p. 3/4 in-fol., cachet. Légères déchirures. — 3o Deux pièces autographes, avec ratures et corrections, 4 p. in-4.

Importantes pièces où il se défend des accusations portées contre lui. L'une d'elles est une minute d'une lettre adressée à la Convention d'Amiens le 13 vendémiaire an IV.

292. LE CHAPELIER (Isaac-René-Guy), célèbre constituant, n. 1754, décapité en 1794.

L. A. S. au Comité de salut public; 26 pluviôse an II, 3 p. 1/4 gr. in-fol.

On lui a dit qu'il y avait un ordre de l'arrêter. Cette défaveur ne l'empêche pas de se présenter devant le Comité de salut public comme un homme qui peut lui être utile, et qui, constant ami de la liberté, est devenu partisan de la République du moment qu'elle a été proclamée. Ni son arrestation, ni sa mort, en cas qu'elle fût résolue, ne seraient d'aucun profit à l'État. Au contraire, la cause populaire souffre un peu quand on voit un de ses premiers soutiens désigné comme victime. Le comité a fait, avec une grande habileté, une guerre superbe, digne d'un peuple qui conquiert et défend à la fois sa liberté. Mais il n'est pas au terme de ses travaux, ni à la fin de ses dangers. Il a besoin de faire encore cette année la guerre la plus active. Ce ne sont peut-être pas de mauvais citoyens, mais ce sont des ignorants qui parlent actuellement de paix.

293. **LE HARDY** (Pierre), médecin, conventionnel girondin, n. 1758, décapité en 1793.

> L. A. S. aux membres du Comité de salut public ; prison du Luxembourg, 30 juillet 1793, 1 p. in-4.
>
> Arrêté, il proteste de son innocence.

294. **LE PELETIER DE SAINT-FARGEAU** (Louis-Michel), député de l'Yonne à la Convention, n. 1760, assassiné le 20 janvier 1793 pour son vote dans le procès de Louis XVI.

> 1° 2 L. A. à la 3e personne à MM. Guillard et Paporet, 2 p. in-8 et in-4.
> Lettres antérieures à la Révolution et où il se nomme M. de Saint-Fargeau.
>
> 2° P. S., sig. aussi par *Guillotin*, le *duc d'Aiguillon*, etc. ; 15 déc. 1790, 3/4 de p. in-fol.

295. **LE PELETIER DE SAINT-FARGEAU** (Louis-Michel).

> 1° L. A. à son frère ; ce 12 (octobre 1792), 1/2 p. in-4. Légère tache.
> Pièce historique où il annonce que Paris est tranquille. Le siége de Lille est levé et Dumouriez part pour attaquer le Brabant.
>
> 2° L. S., sig. aussi par *Cambacérès*; Paris, 22 déc. 1792, 3/4 de p. in-fol.

296. **LE PELETIER DE SAINT-FARGEAU** (Louis-Michel).

> L. A. S. ; 24 nov. an I (1792), 1 p. in-4.
> Recommandation en faveur d'un jeune patriote.

297. **LESTERPT** (Benoit), député de la Haute-Vienne à la Convention, n. 1750, décapité avec les Girondins en 1793.

> P. S., sig. aussi par *Pougeard* et *Couppé*; Paris, 22 août 1791, 1 p. in-fol., vig., tête impr. et cachet.
>
> Extrait du procès-verbal de l'Assemblée nationale constatant que des volontaires de la garde nationale d'Aubusson, département de la Creuse, se sont plaints que ce département n'ait pas été nommé parmi ceux qui doivent envoyer des défenseurs aux frontières.

298. **LOISEAU** (Jean-François), député d'Eure-et-Loir à la Convention, qui s'occupa des approvisionnements de la capitale, n. 1750, m. 1822.

> L. A. S. à ses collègues; Paris, 25 frimaire an II, 2 p. in-fol.
>
> Intéressante lettre où il expose que les brigands menacent le département d'Eure-et-Loir, qui est le grenier de Paris. Il demande qu'on fasse lever en masse les citoyens de ce département afin d'empêcher l'incursion des brigands.

299. **LOUVET** (Jean-Baptiste), conventionnel, auteur de *Faublas*, n. 1764, m. 1797.

> L. S. aux membres du Comité des finances; Paris, 29 fructidor an III, 1 p. in-4.
>
> Recommandation en faveur du citoyen Pajot, de Saint-Émilion, qui donna asile aux Girondins. « Il manqua de perdre la vie pour avoir été humain; il est encore malheureux. Que de titres auprès de vous ! »

300. **MAIGNET** (Étienne), député du Puy-de-Dôme à la Convention, qui terrorisa le Midi.

> P. A., avec ratures et corrections, 30 p. in-4.
> Important rapport sur sa mission à Lyon.

3o1. MANDAT (Jean-Antoine GALYOT, marquis de), commandant de la garde nationale de Paris en 1792, n. 1731, massacré le 10 août 1792.

L. A. S.; 22 juill. 1792, 1/2 p. in-4.

Rapport sur les mesures prises par lui dans la journée du 20 juillet.

3o2. MARAT (Jean-Paul), médecin, fameux conventionnel, dit l'*Ami du peuple*, n. 1744, assassiné par Charlotte Corday le 13 juillet 1793.

L. A. S. à Camille Desmoulins; 28 déc. 1789, 1/2 p. in-4.

Jolie lettre. « Tous les citoyens qui ont de l'âme, Monsieur, sont mes amis, et vous êtes à la tête de ceux qui ont fait leurs preuves. »

3o3. MARAT (Jean-Paul).

P. A. S. *Marat l'ami du peuple ;* (sept. 1792), 1 p. in-8 oblong.

Billet de 5 lignes dans lequel il déclare que les fêtes données à Orléans par le cit. Bourdon n'avaient, à ses yeux, d'autre objet que de capter les suffrages des Orléanais.

3o4. MARAT (Jean-Paul).

L. A. S. à Xavier Audouin; Paris, 13 juin 1793, 1/2 p. in-8.

Il le prie d'accélérer le départ du cit. Poincout.

3o5. MERLIN (Philippe-Antoine, comte), dit *Merlin de Douai*, célèbre conventionnel montagnard, un de nos plus éminents jurisconsultes, n. 1754, m. 1838.

1o L. A. S. à Robespierre; Paris, 2 germinal an II (22 mars 1794), 1 p. in-4.

Recommandation en faveur d'un citoyen que protége son amitié pour Marat.

2o L. A. S. aux représentants du peuple près les armées du Nord; Paris, 29 fructidor an II, 2 p. in-8, vig. et tête impr. Curieuse.

3o6. MERLIN (Antoine-Christophe), dit *Merlin de Thionville*, conventionnel, célèbre par son héroïsme pendant le siége de Mayence, n. 1762, m. 1833.

1o L. A. S., 1 p. in-4. — 2o L. A. S. au cit. Ber, entrepreneur général des transports ; 10 brumaire an IV, 1 p. in-4.

Il le menace de le faire arrêter s'il ne fournit pas à l'armée trois ou quatre mille chevaux.

3o L. A. S. au baron... ; Commenchon, 16 avril 1815, 2 p. 1/2 in-4.

Il annonce qu'il va marcher à la défense de sa chère patrie et de celui, trois fois grand, qui est venu nous sauver.

3o7. MIRABEAU (Honoré-Gabriel RIQUETTI, comte de), l'illustre orateur de l'Assemblée constituante, n. 1749, m. 1791.

L. A. S. (à M. Boucher); 18 janv. 1778, 3/4 de p. in-8.

Il demande la permission d'user du tutoyement dans sa correspondance avec Sophie.

3o8. MIRABEAU (Honoré-Gabriel RIQUETTI, comte de).

L. A. S. *Gabriel ;* 2 avril 1780, 1 p. 1/4 in-4.

C'est une des plus curieuses pièces de sa correspondance avec Sophie Monnier, sa maîtresse. Il fait profession de ne lui rien cacher de ses aventures graveleuses, et il lui raconte ses succès auprès d'une dévote, par l'entremise d'un caffard, son directeur. Il termine par le piquant récit de sa rapide conquête de la comtesse de Genlis.

309. MIRABEAU (Honoré-Gabriel Riquetti, comte de).

Lettre du comte de Mirabeau à M. Cerutti, manuscrit en partie autographe, avec ratures et corrections; (1789), 33 p. in-4.

Lettre sur les réclamations de Cerutti dans la feuille de Paris et surtout sur le prêt de vingt-cinq millions fait au Roi par les actionnaires de la caisse d'escompte. — Une note de M. Lucas de Montigny déclare que cette lettre est *inédite*.

310. MIRABEAU (Honoré-Gabriel Riquetti, comte de).

1º L. A. S. à un ami ; ce jeudi 27, 1 p. in-8 oblong. Curieuse. — 2º Épigraphe latine pour l'*Emile*, pièce de 2 lignes aut., 1 p. in-fol. oblong. Déchirée. — 3º L. S. de *Cabanis* à M. de Mautort ; Auteuil, 9 oct. 1792, 2 p. 3/4 in-4, cachet.

Il a appris que les créanciers de Mirabeau, dépositaires de ses papiers, ont l'intention de publier une édition des œuvres de ce grand homme. Chargé de ce soin par Mirabeau lui-même, Cabanis proteste énergiquement contre une telle entreprise et se propose pour ce travail.

311. MOMORO (Antoine-François), imprimeur, un des principaux chefs du parti hébertiste, n. 1756, décapité le 24 mars 1794.

P. A. S.; 9 juin 1792, 1 p. in-4.

Les citoyens de la section du Théâtre français expriment à l'Assemblée nationale leur satisfaction du décret rendu pour l'organisation de 20,000 gardes nationaux à placer au nord de Paris à l'époque de la fédération.

312. ORLÉANS (Louis-Philippe-Joseph, duc d'), cousin de Louis XVI, député de Paris à la Convention, surnommé *Égalité*, n. 1747, décapité le 6 nov. 1793.

L. A. (la signature a été effacée) ; Londres, 3 juillet 1790, 1 p. 1/4 in-fol.

Lettre des plus curieuses où il raconte les circonstances de son départ pour Londres et le rôle que joua La Fayette, et où il annonce sa ferme résolution de revenir à Paris. (Il rentra, en effet, à Paris quatre jours après.)

313. ORLÉANS (Louis-Philippe-Joseph, duc d').

L. S. à l'abbé Talon ; Paris, 29 déc. 1790, 1 p. in-4.

L'état de sa fortune étant invariablement fixé, il ne peut conserver ni les appointements qu'il faisait ni les logements qu'il avait donnés. En conséquence, il lui demande les clefs de son logement.

314. ORLÉANS (Louis-Philippe-Joseph, duc d').

L. S. à la Convention ; 27 nov. 1792, 2 p. in-fol.

Lettre signée *L. P. Joseph Égalité*. Il demande à faire rayer sa fille de la liste des émigrés.

315. PACHE (Jean-Nicolas), ministre de la guerre en 1792, n. 1746, m. 1823.

L. A. S.; 24 juin an II, 3/4 de p. in-4.

Relative au décret concernant Brissot.

316. PETION (Jérôme), conventionnel, maire de Paris, proscrit avec les Girondins, n. 1753, m. 1794.

P. A. S.; (1793), 1 p. in-4.

Important document historique où il réfute l'accusation portée contre lui d'avoir donné, dans la nuit du 9 au 10 août, l'ordre de tirer sur le peuple.

317. PETION (Jérôme).

P. A. S.; (Saint-Emilion, 1794), 2 p. 3/4 in-4.

Article fort curieux sur la *guillotine*, destiné aux nouveaux éditeurs de l'Encyclopédie. « Le but principal de cette invention a été d'éviter dans les suplices ces recherches qui outragent la nature et deshonorent l'humanité. Elle a aussi l'avantage moral d'abréger les souffrances de l'homme condamné à mort. » Petion s'élève avec force contre la peine de mort qui est maintenant à l'ordre du jour.

318. **PHILIPPEAUX** (Pierre), député de la Sarthe à la Convention, n. 1750, décapité le 5 avril 1794.

> 1° L. A. S.; Paris, 16 brumaire (an II), 1/2 p. in-4, cachet. Un trou au milieu enlevant le nom du destinataire. — 2° L. A. S.; Paris, 11 frimaire, 1/2 p. in-4. Curieuse.

319. **POINTE** (Noël), député de Rhône-et-Loire à la Convention, m. 1825.

> L. A. S. à Brillanter; Moulins, 19 brumaire an II, 1 p. in-4.
>
> Ordre de faire assembler tous les ouvriers de la manufacture d'armes de Moulins. Il veut prendre d'eux les renseignements qui lui sont nécessaires pour agir en connaissance de cause.

320. **PRIEUR**, député de la Marne à la Convention, membre des Comités de sûreté générale et de salut public, n. 1760, m. 1827.

> 1° L. A. S. à ses collègues à Nantes; Vannes, 15° jour du 2° mois de l'an II, 1 p. in-4. Coupure dans un angle n'atteignant pas le texte.
>
> Il mande que les brigands menacent Rennes.
>
> 2° L. A. S. à Bô; Brest, 22 messidor an II, 1 p. in-fol., vig. et tête impr. Belle pièce.

321. **PRIEUR-DUVERNOIS** (Claude-Antoine), député de la Côte-d'Or à la Convention, qui fit adopter l'uniformité des poids et mesures et le système décimal, n. 1763, m. 1832.

> L. A. S.; Paris, 3 prairial an VI, 2 p. 1/2 in-fol.
>
> Très-belle lettre dans laquelle il expose ses services et demande le grade de chef de brigade.

322. **RABAUT DE SAINT-ÉTIENNE** (Jean-Paul), célèbre conventionnel, n. 1743, décapité le 5 déc. 1793.

> P. A. S., sig. aussi par *Target*; 8 juin 1791, 1/2 p. in-4.

323. **REBECQUY** (François-Trophime), député des Bouches-du-Rhône à la Convention, proscrit avec les Girondins, n. à Marseille, 1760, m. par suicide en juin 1794.

> L. A. S. au président de la Convention; Avignon, 1er avril 1793, 2 p. in-4. Belle et très-rare pièce.
>
> Document historique. Rebecquy dénonce Robespierre qui a proposé un chef à la République et qui, ayant mérité, en conséquence, d'être condamné à mort, siége cependant encore à la Convention. Les lois étant sans vigueur envers les grands coupables, il donne sa démission de député.

324. **REUBELL** (Jean), constituant, conventionnel et directeur, n. à Colmar, 1746, m. 1801.

> 1° L. A. S. à Scherer; 15 germinal an VII, 1 p. pl. in-4.
>
> Il lui donne des conseils militaires et il termine par ces mots : « Au reste je ne peux m'empêcher de sourire quand je pense que depuis ici je veux vous donner des conseils à vous, vieux routier de général, qui est sur les lieux. »
>
> 2° L. A. S.; Paris, 22 nivôse an VII, 1 p. 1/4 in-4.

325. **RICHER DE SERISY**, célèbre journaliste et écrivain royaliste, rédacteur de *l'Accusateur public*.

L. A. S. à Camille Desmoulins, 1/2 p. in-4, cachet.

Il lui demande s'il se souvient de son ancien ami. « Les jours de l'affliction se lèvent pour lui, dit-il, et Desmoulins doit l'aimer... Viens sur-le-champ ; viens, je t'en conjure, si l'humanité te parle... »

326. ROBERJOT (Claude), député de Saône-et-Loire à la Convention, pléni-potentiaire au congrès de Rastadt, n. à Mâcon, 1753, assassiné le 28 avril 1799.

L. A. S. à Jean De Bry ; Paris, 22 thermidor an VI, 1 p. in-4.

Intéressante lettre sur ce qu'a décidé le Directoire relativement au congrès de Rastadt. Il partira de Paris le 25 pour rejoindre ses collègues.

327. ROBESPIERRE (Maximilien de), n. 1758, décapité le 28 juillet 1794.

Chanson autographe, 3 p. pet. in-4.

Cette chanson, composée de douze couplets de dix vers chacun, fut faite à l'occasion de la réception d'un membre de la *Société des Rosati* d'Arras. Elle a été publiée par Ch. Reybaud en 1830 dans ses *Mémoires authentiques de Maximilien de Robespierre*, mais le dernier couplet est resté inédit.

328. ROBESPIERRE (Maximilien de).

Billet de 6 lignes autographes au-dessous d'une demande autographe de *Réal ;* (1791), 1 p. in-8.

Pièce fort curieuse, écrite alors qu'on formait les tribunaux civils de Paris, dans lesquels Robespierre voulait faire entrer son ami Buzot. Des objections s'étant produites contre ce dernier, Réal les exposa à Robespierre qui y répondit par écrit. Ces faits sont relatés dans une note de Réal jointe à la pièce.

329. ROBESPIERRE (Maximilien de).

P. A. S., avec ratures et corrections, 1/2 p. in-4.

C'est la minute du décret de la Convention qui décerne les honneurs du Panthéon au jeune Barra et charge David de donner ses soins à l'embellissement de cette fête nationale.

330. ROBESPIERRE (Maximilien de).

P. A., 4 p. pl. in-4.

Document très-important contre Danton et Fabre d'Églantine. Robespierre apprécie les actes de ces deux conventionnels. Il dit que Fabre d'Églantine était d'accord avec les Girondins.

331. ROBESPIERRE (Augustin-Bon-Joseph de), frère du précédent, député de Paris à la Convention, n. 1764, décapité le 28 juillet 1794.

L. A. S. à Bouchotte ; Nice, 12e jour du 2e mois de l'an II, 1 p. 1/2 in-fol.

Il proteste contre des nominations faites par le ministre et demande instamment du plomb qui fait défaut à l'armée. — La minute autographe de la réponse de Bouchotte est en marge.

332. ROBESPIERRE (Augustin-Bon-Joseph de).

L. A. S. à Ricord ; Nice, 23 vendémiaire an II, 1 p. 1/4 in-4.

Très-belle lettre où il annonce une victoire remportée par le général Dugommier.

333. ROBESPIERRE (Augustin-Bon-Joseph de).

L. S., sig. aussi par *Barras, Fréron* et *Ricord ;* Nice, 16 sept. an II, 1 p. in-fol., tête impr. et cachet.

Nomination du cit. Miollis au grade d'adjudant-général.

334. ROLAND (Manon-Jeanne PHLIPON), une des femmes les plus illustres de la Révolution française, n. 1754, décapitée le 8 nov. 1793.

L. A. S. *Ph. de La Platière* à M... ; Amiens, 22 juin 1784, 3 p. 1/4 in-4.

Très-belle lettre où elle lui annonce que son mari vient d'être nommé à l'inspection de Lyon, ce qui le détourne du projet qu'il avait de prendre sa retraite. Avant de partir, M. Roland doit faire une tournée générale du département qu'il va quitter. « Ses courses sur la côte du Calésis me fournissent l'occasion de passer à Londres, et je compte visiter cette capitale d'un pays où l'on respire encore un air de liberté... »

335. ROLAND (Manon-Jeanne PHLIPON).

L. A. (à Buzot); Lyon, 22 janv. 1790, 3 p. 1/4 in-8. Les deux premières pages sont autographes de LANTHENAS; le reste est écrit par Madame Roland.

Très-curieuse pièce. Lanthenas parle des travaux de l'Assemblée nationale et mande qu'il va faire une adresse vigoureuse aux citoyens de Lyon. — Madame Roland gourmande Buzot sur son dessein de se distraire pour se consoler. « Il faut enflammer votre courage et celui de tous les bons citoyens ; il faut réclamer, tonner, effrayer. » On doit demander à l'Assemblée de ne faire que la Constitution. « Il faut veiller et prêcher jusqu'au dernier souffle ou ne pas se mêler de révolution. »

336. ROLAND (Manon-Jeanne PHLIPON).

L. A. S.; 8 sept. an IV (1792), 1 p. pl. in-8. Jolie pièce.

337. ROMME (Gilbert), député du Puy-de-Dôme à la Convention, qui fit décréter l'adoption du Calendrier républicain et de l'invention du télégraphe, compromis dans l'insurrection de prairial, n. 1750, m. par suicide, pour éviter l'échafaud, le 20 juin 1795.

L. A. S. au Comité de salut public; 2 oct. an II, 1 p. 1/4 in-4.

Il demande qu'on régénère le Comité d'instruction publique et qu'on le réduise à 21 membres, chargés de diriger le travail de la bibliographie universelle de la France, le travail des poids et mesures, les inventaires des objets utiles à l'instruction publique, la préparation d'un plan d'organisation, les pétitions et affaires courantes et le travail de recueillir les traits de vertu sociale.

338. RUAMPS (P.-C.), député de la Charente-Inférieure à la Convention.

L. A. S. aux Comités de législation et de sûreté générale; citadelle de Besançon, 18 messidor an III, 4 p. pl. in-4.

Importante lettre où il proteste contre son arrestation et raconte sa vie révolutionnaire. Il rappelle la modération dont il fit preuve pendant ses missions et son énergique opposition au tyran Robespierre.

339. SAINT-HURUGE (le marquis de), orateur populaire, ami de Danton, n. 1750, m. 1810.

L. A. S. à un député; prison de Péronne, 7 août an IV de la liberté (1792), 2 p. 1/2 in-4.

Il proteste contre son arrestation. Curieux détails.

340. SAINT-HURUGE (le marquis de).

L. A. S. à Maton de La Varenne; 16 ventôse an II, 2 p. in-8. Très-curieuse.

341. SAINT-HURUGE (le marquis de).

L. A. S.; (1794), 4 p. in-4.

Très-longue lettre où il proteste contre son arrestation.

342. SAINT-JUST (Louis-Antoine de), le célèbre conventionnel, n. 1767, décapité le 28 juillet 1794.

L. A. S. à Garat; (octobre 1791), 2 p. pl. in-8.

Lettre d'affaires. Demande de livres.

343. SAINT-JUST (Louis-Antoine de).

L. A. S., 1 p. pl. in-4.

Lettre, probablement écrite à un fournisseur. « Tu me connais : tu sais que je ne dis rien de mal à propos, mais nous avons besoin de ce que je t'ai demandé; le repos de la république en dépend. Adieu, fais tout pour la liberté de ton pays. »

344. SAINT-JUST (Louis-Antoine de).

L. S., écrite et sig. par LE BAS, aux membres du Comité de salut public; Maubeuge, 26 pluviôse an II, 3/4 de p. in-fol. Légère déchirure dans un angle n'atteignant pas le texte.

Pièce historique où ils dévoilent un complot tramé pour livrer Maubeuge à l'ennemi. Ils ont pris des mesures pour punir les traîtres. Les subsistances et les fourrages manquent dans l'armée du Nord. « Il faut des armes. Hâtez l'embrigadement. L'ennemi ouvrira la campagne au plus tard dans trois semaines. »

345. **SAINT-JUST** (Louis-Antoine de).

    4 P. S., sig. aussi par *Le Bas ;* Strasbourg, an II, 3 p. 1/2 in-fol.

    Arrêtés pris, pendant leur mission à Strasbourg, relativement aux peines à porter contre les émigrés.

346. **SAINT-JUST** (Louis-Antoine de).

    P. A., avec ratures et corrections, 2 p. in-4.

    Projet d'établissement d'un censeur dans chaque district de la République.

347. **SALLE** (Jean-Baptiste), **député de la Meurthe à la Convention, proscrit avec les Girondins, n. 1760, décapité à Bordeaux le 20 juin 1794.**

    L. A. S. au cit. Béquilley ; (avril 1793), 2 p. 3/4 in-4, cachet brisé.

    Il lui mande que les Prussiens sont en pleine retraite et que Dumouriez a juré de les exterminer au passage de Grandpré. Montesquiou doit, à l'heure présente, avoir conquis la Savoie ; Lille soutient son siége avec autant de courage que Thionville, et on espère qu'avant la fin de l'automne la France sera délivrée de ses ennemis. Il annonce que la Convention a nommé la veille Pache au ministère de la guerre, en remplacement de Servan. — Cette pièce porte en tête les signatures de *Cambacérès* et de *Boyer-Fonfrède.*

348. **SALLE** (Jean-Baptiste).

    P. A. S. ; 1ᵉʳ messidor an II, 3/4 de p. in-fol.

    Précieuse pièce, écrite la veille de sa mort, et qui est un testament politique. Salle déclare que ses véritables sentiments concernant le gouvernement qu'il souhaite à la France sont déposés dans l'écrit intitulé : *Charlotte Corday, tragédie.* Il donne à ce sujet de curieux renseignements et parle aussi de sa « bagatelle touchant la mort de Danton », composée dans un instant où il était lui-même sous le couteau.

349. **SANTERRE** (Antoine-Joseph), **chef de la garde nationale de Paris, général en Vendée, n. 1752, m. 1809.**

    1⁰ P. S., 1 p. in-4. — 2⁰ *L'Art du brasseur,* manuscrit autographe, 91 p. in-4.

    Manuscrit commencé en 1772. Il porte cette annotation de la main de Santerre : « Ouvrage pour Théodore, mon fils, s'il s'établit brasseur. Sans cela je le prie de ne pas le prendre, de peur que cela ne ruine, en le livrant à d'autre, celui de mes fils qui s'en servirait. À Paris, ce 15 juin 1807. Santerre. »

350. **SAVARY** (Louis-Jacques), **député de l'Eure à la Convention, proscrit avec les Girondins.**

    L. A. S. à la Convention nationale; Paris, 27 frimaire an III, 5 p. in-4.

    Détenu depuis quinze mois comme signataire de la protestation contre le 31 mai, il proteste avec énergie et demande sa mise en liberté provisoire.

351. **SERGENT** (Antoine-François), **député de Paris à la Convention, auquel on doit la fondation du Musée français et du Conservatoire, n. 1751, m. 1847.**

    L. A. S. à Tissot; Nice, 12 fév. 1834, 3 p. in-4. Léger raccommodage.

    Lettre des plus curieuses où il le félicite d'entreprendre de parler des bienfaits d'une révolution qu'on veut faire passer pour horrible et odieuse. Il se met à sa disposition et parle d'un mémoire qu'il a rédigé et dont il a adressé le manuscrit à Paris. Il lui enverra ses notes par M. Meyerbeer.

352. **SIEYES** (Emmanuel-Joseph), **célèbre conventionnel et directeur, n. 1748, m. 1836.**

    L. A. à Jean de Bry ; Berlin, 21 floréal an VII, 1 p. 1/2 in-4.

    Très-curieuse lettre sur l'attentat de Rastadt. « L'indignation a été générale... Pourquoi suis-je hors d'âge et de santé. Je joindrois nos frères d'armes. Il n'y a pas d'autre place pour un français qui a du cœur, jusqu'au jour de la justice !... »

353. **SILLERY** (Charles-Alexis Brulart, marquis de), **député à la Constituante et à la Convention, ami du duc d'Orléans, mari de la comtesse de Genlis, n. 1737, décapité avec les Girondins, le 31 oct. 1793.**

    L. A. S. ; (3 avril 1792), 1 p. in-4.

    Demande d'un congé pour M. de Lescure, lieutenant-colonel du 10ᵉ régiment de cavalerie.

354. SILLERY (Charles-Alexis Brulart, marquis de).

L. A. S. à la Convention nationale ; (21 nov. 1792), 3 p. pl. in-4.

Lettre des plus curieuses où il dit que la cause de la citoyenne Sillery (la comtesse de Genlis) est absolument liée à celle de la citoyenne Égalité (la duchesse d'Orléans). Il expose les raisons du voyage de sa femme et demande qu'elle ne soit pas considérée comme émigrée.

355. SILLERY (Charles-Alexis Brulart, marquis de).

L. A. S. aux membres du Comité de salut public ; à l'Abbaye, 6 août 1793, 3 p. 3/4 in-4.

Importante lettre où il se défend des accusations dont il est l'objet. C'est une fatalité que son gendre Valence ait partagé le crime de Dumouriez et que sa femme, de laquelle il est séparé depuis près de seize ans, ait pris la fuite. Il demande justice.

356. TALLIEN (Theresia Cabarrus), l'héroïne de la réaction thermidorienne, n. 1773, m. 1835.

L. A. S. *Theresia Cabarrus Tallien* à Raynal (le célèbre philosophe), 1/2 p. in-4.

Elle se réjouit que le Directoire se soit occupé des besoins d'un homme tel que Raynal.

357. TALLIEN (Theresia Cabarrus).

L. A. S. à Botot (secrétaire de Barras) ; 14 brumaire an VII, 1 p. in-8. Jolie pièce.

358. TALLIEN (Theresia Cabarrus).

1° 3 L. A. S. ; 1815, 3 p. in-8 et in-4. — 2° L. A. ; 1815, 1 p. in-8.

359. THEROIGNE (Anne-Josèphe), femme célèbre par le rôle qu'elle a joué dans les premiers épisodes de la Révolution, n. 1762, m. 1817.

L. A. S. à Perregaux ; Liége, 26 août 1790, 2 p. in-4, cachet.

On lui écrit que le Châtelet poursuit avec beaucoup d'activité l'affaire des 5 et 6 octobre. Apparemment M. Faray et sa ligue voudraient étouffer une affaire par l'autre. Elle a été fort étonnée d'apprendre qu'elle a été décrétée de prise de corps. Elle ne se doutait pas que, n'ayant coopéré en rien que ce soit à tout ce qui s'est dit et fait pendant les deux journées du 5 et du 6, elle serait comprise dans cette prétendue conspiration. « Car ce n'est pas la peur qui m'a fait partir, c'est plutôt la médiocrité de ma fortune qui m'a forcée, après avoir mangé tous mes diamants, à venir dans mon pays pour y vivre avec économie, afin de pouvoir continuer d'entretenir mes frères, jusqu'à ce qu'ils aient acquis assez de talents pour se passer de mon concours. Léopold a fait la plus sévère défense de laisser entrer aucun imprimé parlant des affaires de France, dans les Ardennes. C'est une vraie tyrannie. » Elle prie Perregaux de lui faire connaître les progrès de la procédure de Versailles, et il faudrait, s'il veut lui rendre service, faire son possible pour savoir de quoi elle est accusée.

360. THEROIGNE (Anne-Josèphe).

P. S., avec 4 mots aut. ; Paris, 16 août 1792, 1/2 p. in-4.

Reçu de la somme de 2,931 livres que lui a remise Perregaux pour le complément des 10,800 livres provenant de la vente de ses effets retirés du Mont-de-piété.

361. THIBAUDEAU (Antoine-Claire, comte), député de la Vienne à la Convention, un des rédacteurs du Code civil, historien de Napoléon 1ᵉʳ, n. 1765, m. 1854.

L. A. S. à M. Chabaneaux ; Maisons, 1ᵉʳ mai 1846, 1 p. in-8. Jolie lettre.

362. THURIOT DE LA ROSIÈRE (Jacques-Alexandre), célèbre conventionnel, n. 1760, m. 1829.

L. A. S. (aux membres de la Société de Sezanne) ; (août 1792), 3 p. 1/4 in-4.

Pièce fort curieuse sur la déportation « de cette espèce infâme d'ecclésiastiques qui désolent la France, » et sur la trahison de Lafayette.

363. THURIOT DE LA ROSIÈRE (Jacques-Alexandre).

L. A. S. aux mêmes ; (16 octobre 1793), 1 p. in-4. Tachée.

Pièce historique sur l'exécution de Marie-Antoinette. « Antoinette n'est plus ; elle a été jugée à 4 heures du matin ; à midi elle est passée sous mes fenêtres ; cinq minutes après elle étoit guillotinée. » Annonce de l'arrivée à Paris d'un officier autrichien qui vient faire des propositions sans doute à propos du procès de Marie-Antoinette.

364. THURIOT DE LA ROSIÈRE (Jacques-Alexandre).

L. A. S. aux mêmes; 26 janvier (1793), 4 p. pl. in-4.

Il mande l'effroi qui suivit l'assassinat de Lepeletier Saint-Fargeau et donne à ce sujet de fort curieux détails.

365. THURIOT DE LA ROSIÈRE (Jacques-Alexandre).

1º L. A. S. aux mêmes; 14 septembre an II, 3 p. 1/4 in-4. Tachée.

Épître révolutionnaire dans laquelle il annonce notre victoire près de Dunkerque. La caisse du duc d'York est en notre pouvoir. Tous les traîtres périront sur l'échafaud. Nouvelles de Vendée.

2º L. A. S. aux mêmes; 20 octobre (1792), 3 p. in-4.

Lettre fort intéressante sur le vol fait au garde-meuble.

366. TOPINO-LEBRUN (François-Jean-Baptiste), peintre d'histoire, élève de David, ami de Ceracchi, avec lequel il fut compromis, n. à Marseille, 1769, décapité le 30 juin 1801.

1º L. A. S. au cit. Biauzat; Paris, 12 nivôse an IX, 1 p. in-8.

Il demande ses vêtements d'hiver et son linge pour paraître décemment devant le tribunal.

2º L. A. S. d'*Arena jeune* (décapité avec Topino-Lebrun); Conciergerie, 14 nivôse an IX, 1/2 p. in-4.

Demande de pièces nécessaires à sa défense.

3º L. A. S. de *Dominique Démerville* (décapité avec Topino-Lebrun et Arena); maison d'arrêt du Temple, 28 brumaire an IX, 3/4 de p. in-4.

Il demande des objets qui lui sont indispensables.

367. TRÉHOUART (Bernard), député d'Ile-et-Vilaine à la Convention, adversaire de Carrier.

L. A. S. au Comité de salut public; Paris, 28 germinal an II, 6 p. in-fol.

Important document historique. C'est un mémoire sur les causes de la guerre de la Vendée et les moyens d'y mettre un terme.

368. TRENCK (Friedrich, baron de), personnage fameux par ses aventures et sa longue captivité dans la forteresse de Magdebourg, n. 1726, décapité comme agent prussien, le 25 juillet 1794.

L. A. S., en français, à un conventionnel; « en prison, souffrant faim, froid et la dernière misère », 26 déc. 1793, 4 p. pl. in-4.

Lettre des plus curieuses dans laquelle il proteste énergiquement contre sa captivité qui dure depuis seize semaines. C'est un miracle qu'à son âge septuagénaire il ait survécu aux barbares traitements qu'il a essuyés sur le soi-disant sol de la liberté. Il demande justice. Peut-on la refuser au Bélisaire allemand ?

369. TRENCK (Friedrich, baron de).

L. A. S. à la citoyenne Onfroi ; 7 messidor 1794, 1/2 p. in-8 oblong.

Demande de deux exemplaires d'un de ses ouvrages.

370. VALAZÉ (Charles-Éléonore DUFRICHE de), député de l'Orne à la Convention, ami des Girondins, n. à Alençon, 1751, m. par suicide, pour éviter l'échafaud, le 30 oct. 1793.

1º L. A. S., sig. aussi par les membres de la municipalité d'Essay ; Essay, 15 juin 1790, 2 p. 3/4 in-fol. — 2º L. A. S. ; Essay, 19 juin 1790, 1/2 p. in-4.

Relative aux affaires de la commune d'Essay.

371. VALAZÉ (Charles-Éléonore DUFRICHE de).

L. A. S. (à la Société patriotique d'Alençon), Paris, 27 avril an II, 1 p. in-4.

Il leur mande l'étrange procédure faite dans l'affaire de Marat. Cet homme est innocenté. « Marat siége maintenant parmi nous. Ainsi le veut le mauvais génie de la France. »

372. VALAZÉ (Charles-Éléonore DUFRICHE de).

P. A., avec ratures et corrections ; (1793), 4 p. 1/4 in-fol.

Pièce historique, écrite après son arrestation. C'est la minute de la défense qu'il pensait lire devant la Convention. Elle contient l'exposé de sa vie politique.

373. VALAZÉ (Charles-Éléonore DUFRICHE de).

L. A. à sa femme ; 7 oct. an II, 1 p. in-4.

Précieuse lettre. Il vient d'être transféré de la Force à la Conciergerie, où il est logé avec Vergniaud, Ducos et Fonfrède, dans un appartement très-sain et très-vaste. « Je suis donc aussi bien qu'on peut être. Il n'y a qu'une chose à laquelle je ne puis pas me faire, c'est que je suis dans le voisinage de la veuve Capet (MARIE-ANTOINETTE), et que les mêmes verrous nous enferment l'un et l'autre, comme pour indiquer par ce rapprochement une complicité entr'elle et moi. C'est peut-être ce qu'il y a de plus extraordinaire dans ma destinée. »

374. VATAR (A.-R.), imprimeur, rédacteur du *Journal des hommes libres*, déporté à Cayenne en 1801.

1º L. A. S. ; Cayenne, 12 mai 1821, 1 p. in-4. — 2º L. A. S. à Tissot ; Cayenne, 29 nov. 1830, 2 p. 3/4 in-4.

Lettre très-curieuse où il raconte son arrestation, sa déportation, sa conduite à Cayenne. Il demande une place de conseiller à la cour royale de la Guyane.

375. VERGNIAUD (Pierre-Victurnien), le plus illustre et le plus éloquent des conventionnels girondins, n. à Limoges, 1753, décapité le 31 octobre 1793.

L. A. S. V. (à Boze) ; 29 juillet 1792, 5 p. 1/4 in-4.

Précieuse lettre, la plus belle connue de Vergniaud. Elle a été écrite vraisemblablement pour être mise sous les yeux de Louis XVI. Vergniaud juge sévèrement la conduite du gouvernement dans la grande lutte du despotisme contre la liberté. « Mobile comme les vents, sans plan, sans projets, sans idées, il se laisse aller au cours des événemens. » Il expose des idées sur les moyens de sauver la constitution et la chose publique et de rétablir une concorde sincère entre les deux pouvoirs et les citoyens, « qui, seule, à mon avis, peut nous faire soutenir la guerre avec quelque succès et épargner à la France peut-être un demi-siècle de calamités. »

376. VERGNIAUD (Pierre-Victurnien).

L. A. S. aux commissaires de la section du Palais-Royal ; 11 août an IV de la liberté (1792), 3/4 de p. in-4.

Pièce historique et autographe des plus rares. Elle a été écrite, le lendemain du 10 août, comme ex-président de l'Assemblée législative, et concerne les Suisses, faits prisonniers la veille et que le peuple furieux voulait massacrer. « L'Assemblée nationale recommande, messieurs, à votre zèle, l'exécution du décret qui met sous la sauvegarde de la loyauté française les Suisses et autres personnes mises en état d'arrestation... »

377. VERGNIAUD (Pierre-Victurnien).

P. S., comme secrétaire de la Convention, sig. aussi par *Buzot* ; Paris, 12 oct. 1792, 1/2 p. in-fol., tête impr. et cachet.

HOMMES DE GUERRE

378. BEAUPUY (Armand-Michel de), n. 1757, tué en 1796.

L. A. S. à Carrier; Pont Saint-Père, 13 niv. an II (2 janv. 1794), 2 p. 1/2 in-4.

Curieuse lettre révolutionnaire, qui commence par ces mots : « Tu n'a pas encore assez tonné, brave et terrible montagnard. » Suivent des nouvelles militaires.

379. BERNADOTTE (Jean-Baptiste-Jules), général et ministre de la guerre, puis roi de Suède, n. 1794, m. 1844.

L. A. S. à Joseph Bonaparte ; Rennes, 19 messidor an VIII, 3 p. in-8. Légère tache.

Pièce historique sur la Vendée. Il signale de nombreux rapports contre les prêtres insermentés. Parmi ces derniers « il y en a d'incorrigibles et de tellement fanatiques, qu'il sera impossible de les calmer. » On croit que la rébellion recommencera après la récolte. Mesures à prendre.

380. BEYSSER (Jean-Michel), général en chef en Vendée, n. en Alsace, 1734, décapité en 1794.

L. A. S. à Merlin de Douai; de l'Abbaye, 2 oct. 1793, 2 p. in-4.

C'est une réponse à Merlin qui lui avait demandé d'avouer franchement s'il était coupable. Il déclare qu'il n'a pas cessé d'être honnête et droit et que sur l'échafaud il crierait encore : Vive la République ! — Merlin, sur la feuille blanche de cette réponse, transcrit la lettre qu'il avait écrite.

381. BIRON (Armand-Louis de GONTAUT, duc de), général en chef de l'armée du Rhin et de celle des côtes de La Rochelle, n. 1747, décapité le 31 déc. 1793.

L. A. S. à Bouchotte; Niort, 25 juin 1793, 3/4 de p. in-fol.

Pièce caractéristique. Biron mande qu'il a fait arrêter le cit. Alibert, capitaine de hussards, coupable d'avoir fait porter, en rentrant dans Niort, une tête au bout d'une pique. — Bouchotte répond, au bas de la lettre, que le dit capitaine a déclaré que la tête promenée était celle d'un ennemi qu'il avait tué. « Je vous invite à mettre en liberté Alibert, pour qu'il continue à ne point faire de quartier à nos ennemis. »

382. CHAMPIONNET (Jean-Etienne), qui conquit Naples, n. 1762, m. 1800.

1° L. A. S. à Kleber; Neus, 17 fructidor an III, 1 p. 1/2 in-4, vig. et tête impr.
Dispositions militaires pour le passage du Rhin.

2° L. A. S. au Directoire exécutif; Turin, 2 floréal an VII, 3/4 de p. in-fol.
Très-belle lettre où il proteste contre son arrestation et demande des juges.

383. DAMPIERRE (Auguste-Henri PICOT, marquis de), n. 1756, tué à Famars, 1793.

L. A. S. à Danton; 2 oct. 1792, 3 p. in-4.

On vient de gagner la bataille de Valmy, qui a sauvé Paris, grâce à la valeur de 40,000 hommes contre 80,000. Eloge de l'armée et des généraux, ses collègues.

384. DAMPIERRE (Auguste-Henri PICOT, marquis de).

L. A. S. à Danton; Valenciennes, 23 oct. an I, 2 p. 1/2 in-8.

Félicitations sur le caractère et le courage de Danton. Il mande qu'il espère briser bientôt les fers des Brabançons.

385. DESAIX DE VEYGOUX (Louis-Charles-Antoine), n. 1768, tué à Marengo le 14 juin 1800.

L. A. S. à Dugua ; 2 fructidor an VII, 1 p. 1/2 in-8.

Il lui mande que Mourad-Bey a été surpris le 23 près Samahout, par le chef de brigade Morand et qu'il a tout perdu, depuis ses pantoufles jusqu'à son casque. Le butin a été immense. « Je ne sais ce qu'il est devenu; j'espère qu'il n'échappera pas à toutes les troupes qui le guettent de toutes parts. Il faut bien qu'il finisse. »

386. DESAIX DE VEYGOUX (Louis-Charles-Antoine). Certificat de 7 lignes aut. sig., 1 p. in-8.

Il certifie que le citoyen Leclerc a servi avec son régiment d'une manière au-dessus de tout éloge.

387. DUGOMMIER (Jean-François Coquille), général en chef de l'armée des Pyrénées-Orientales, n. 1736, tué à St-Sébastien, le 17 nov. 1794.

L. S. aux représentants du peuple; La Gullane, 14 brumaire an III, 1 p. 1/2 in-fol., tête impr. et vig.

Intéressante pièce où il sollicite l'indulgence pour le cit. Giacomoni, qui va être traduit devant le tribunal révolutionnaire et qui est actuellement malade des fatigues de la guerre.

388. DUMAS (Alexandre), surnommé par Bonaparte l'*Horatius Coclès du Tyrol*, n. 1762, m. 1806.

L. A. S. à sa femme; Toulon, 29 floréal an VI, 1 p. in-4, tête impr. et vig.

Il lui annonce son départ et lui recommande l'éducation de leur enfant.

389. HOCHE (Lazare), le pacificateur de la Vendée, n. 1768, m. 1797.

L. S. à Sijas; quartier général de Gaverille, 22 août 1793, 1 p. in-fol.

Lettre comme adjudant-général. Il mande que, pour des propos mal répétés, il a été détenu pendant dix jours, mais qu'il a été acquitté par le tribunal révolutionnaire de Douai.

390. HOCHE (Lazare).

L. A. S. aux représentants du peuple; Dunkerque, 15 septembre an II (1793), 4 p. in-fol.

Important document historique. Il les prévient qu'ils vont recevoir une dénonciation contre lui du cit. Hudri, ci-devant commandant temporaire à Dunkerque. Les principaux reproches que lui fait cet homme sont d'être d'une basse extraction, d'avoir été fayettiste et royaliste et d'avoir été placé par un feuillant. Hoche répond à ces inculpations et donne des détails fort curieux pour sa biographie. Il rappelle que son père, après avoir été soldat, se retira et fut placé palefrenier, ce qu'il avoue sans rougir. Il raconte sa conduite lors de la trahison de Dumouriez, qui lui valut, de la part de Bouchotte, le grade d'adjudant-général. « Voilà en abrégé quelle est ma vie et quelle a été ma conduite. Jugez-moi et prononcez. » — La lettre de dénonciation d'Hudri est jointe à cette pièce.

391. HOUCHARD (Jean-Nicolas), général en chef de l'armée de la Moselle, n. 1740, décapité le 17 nov. 1793.

1° L. A. S.; Steinfeld, 11 avril 1793, 1 p. in-fol.

Renseignements sur les positions de l'ennemi.

2° L. A. S. aux représentants du peuple; maison d'arrêt d'Arras, 23 sept. 1793, 1 p. in-fol.

Il vient d'être mis en état d'arrestation, mais il n'en prévient pas moins les représentants du mouvement des ennemis sur Maubeuge, et indique les moyens de déjouer leurs projets.

392. JOUBERT (Barthélemy), n. 1769, tué à la bataille de Novi, le 15 août 1799.

L. A. S. au cit. Grognel, à Pont de Vaux; Paris, 7 messidor an VII, 1 p. pl. in-4, cachet brisé.

Lettre fort curieuse. — « ... Je ne sais comment tout cela finira, nous avons mis la machine en train, il s'agit que le Français se montre et chasse l'ennemi, et que l'on ne s'amuse point avec le mot *anarchie*, *Constitution de 93*, à semer la division et empêcher nos moyens de défense. Je ne vois que des Français et des Autrichiens aux frontières, et dans l'intérieur des royalistes et des républicains ; il s'agit de se classer, et, comme nous n'avons pas à choisir, de prévenir nos antagonistes et de nous organiser avant eux. C'est le parti le plus vite organisé qui terrassera l'autre. »

393. **JOURDAN** (Jean-Baptiste), le vainqueur de Fleurus, n. à Limoges, 1762, m. 1833.

1º L. A. S. à Scherer ; quartier général à Marchiennes, 26 prairial an II, 1 p. in-fol., vig. et tête impr., cachet. Légère déchirure par la rupture du cachet.

Pièce militaire où il lui transmet ses ordres pour empêcher l'ennemi de faire lever le siége de Charleroi.

2º L. S. à Marceau ; 3o fructidor an III, 1/2 p. in-fol., belle vig. de Queverdo. — 3º L. A. S. à Jean de Bry ; Wiesbaden, 2 frimaire an VII, 1 p. in-4. Belle lettre.

394. **KLEBER** (Jean-Baptiste), n. 1753, assassiné au Caire le 14 juin 1800.

L. A. S. à Carrier ; Rennes, 8 frimaire an II, 1/2 p. in-fol.

Il est nu comme un ver et demande du drap bleu pour se faire un manteau, une capote et une culotte.

395. **KLEBER** (Jean-Baptiste).

L. A. S. à Carrier ; Châteaubriant, 14 nivôse an II, 1 p. 1/2 in-4.

Très-curieuse lettre sur la maladie de Marceau. « Je suis très-affecté de cet accident, personne n'étant plus que moi dans le cas d'apprécier ce jeune guerrier. » Il demande des vêtements pour ses hommes « qui sont nuds, nuds, nuds. »

396. **KLEBER** (Jean-Baptiste).

1º L. A. S. à Menou ; Alexandrie, 6 thermidor an VI, 1 p. in-fol., tête impr. et vig. Déchirure n'atteignant pas le texte.

Nouvelles militaires.

2º L. A. à la citoyenne Gaillard ; le Caire, 18 nivôse an VIII (moins de 6 mois avant sa mort), 1/2 p. in-4. Passée au vinaigre.

Il annonce à Mᵐᵉ Gaillard, qui avait soin de sa maison à Paris, qu'il espère être de retour dans quelques mois et retrouver tout dans le meilleur ordre. Il prescrit de faire les réparations nécessaires, de payer le loyer et envoie une lettre de change de 3,ooo francs sur la Trésorerie nationale. (Cette lettre, écrite plus d'un mois avant la convention d'El-Arich, semble prouver que Kleber songeait déjà à la reddition de l'Egypte.)

397. **LA HARPE** (Amédée-Emmanuel), un des héros des campagnes d'Italie, n. 1754, tué en 1796.

L. A. S. à Jean de Bry ; Ormea, 22 fructidor an III, 2 p. 1/2 in-4.

Très-belle lettre sur sa nomination au grade de général de division.

398. **LATOUR D'AUVERGNE CORRET** (Théophile-Malo de), le premier grenadier de la République française, n. 1743, tué le 27 juin 1800.

L. A. S. à Lacuée, 3/4 de p. in-8.

Belle lettre où il se plaint des énonciations contenues dans le brevet d'honneur que lui a destiné le Premier Consul.

399. **MARCEAU** (François-Séverin-Desgraviers), n. à Chartres, 1769, m. d'une blessure reçue à Altenkirchen le 21 sept. 1796.

L. A. S. au général Duhesme ; quartier général de Marchiennes, 9 prairial an II, 2 p. in-4, vig. et tête impr.

Belle lettre où il lui donne des ordres. — La troisième page est remplie par Duhesme.

400. **MARCEAU** (François-Séverin-Desgraviers).

P. S., avec 3 lignes aut., sig. aussi par le général autrichien *Kray* ; Birkenfeld, 17 ventôse an IV, 3/4 de p. in-fol.

Pièce historique contenant un article additionnel aux conventions de l'armistice convenu entre les Français et les Autrichiens.

401. **MIACZINSKI** (Joseph), lieutenant et complice de Dumouriez, n. 1750, décapité le 25 mai 1793.

P. S. ; 26 juillet 1791, 3 p. pl. in-fol.
Il expose l'état de ses services et demande à servir la France comme général.

402. **MOREAU** (Jean-Victor), n. 1763, m. 1813.

1° L. A. S. au ministre ; 2 pluviôse an IV, 2 p. in-fol., tête impr. et vig.
Pièce historique sur l'état de la Hollande.

2° L. A. S. à Lecourbe ; 5 prairial an VIII, 1 p. 1/2 in-8.
Détails militaires.

403. **MOREAU** (Jean-Victor.)

1° L. A. S. au ministre des finances ; Salzbourg, 1ᵉʳ pluviôse an IX, 2 p. 1/4 in-4.
Relative au remboursement des sommes prêtées par le général Macdonald pour le service de l'armée d'Italie.

2° Billet aut. sig., 1 p. in-12. — 3° L. S. à Lecourbe ; 14 prairial an VIII, 2 p. in-4.

404. **PICHEGRU** (Charles), n. 1761, m. 1804.

L. A. S. à Bouchotte ; La Fère, 3 ventôse an II, 1 p. pl. in-4.
Récit de sa visite au parc d'artillerie de La Fère.

405. **RONSIN** (Charles-Philippe), auteur dramatique, général en Vendée, n. à Soissons, 1752, décapité le 24 mars 1794.

L. A. S. à Bouchotte ; Paris, 5 octobre an II, 1 p. 1/2 in-4.
Relative à ses lettres de service de commandant de l'armée révolutionnaire.

406. **ROSSIGNOL** (Jean-Antoine), général en chef de l'armée des côtes de La Rochelle, n. 1759, m. 1802.

L. S., sig. aussi par *D'Aubigni*, aux membres du comité de législation ; prison de Chartres, 3 brumaire an IV, 4 p. in-fol.
Pièce historique dans laquelle ils présentent leur justification.

407. **ROSSIGNOL** (Jean-Antoine).

L. A. S. à Barras ; 12 messidor an VI, 1 p. in-fol.
Il accepte la proposition que Barras lui a faite d'aller rejoindre le général Bonaparte.

408. **WESTERMANN** (François-Joseph), général en Vendée, n. 1751, décapité avec Danton le 5 avril 1794.

L. A. S. à Dillon ; (31 août 1792), 1 p. in-4.
Détails militaires.

CHEFS VENDÉENS

409. **BERNIER** (Etienne-Alexandre), curé de Saint-Laud, rallié à Bonaparte, qui le fit évêque d'Orléans, n. à Daon (Mayenne), 1762, m. 1806.

L. A. S. ; Néry, 2 juillet 1795, 2 p. in-4.
Leurs intentions sont pures, mais ils ont trois grands obstacles à vaincre : la malveillance et les insinuations perfides de quelques terroristes réfugiés, et le préjugé d'une guerre intérieure. Les perfidies sont aussi à craindre à Paris qu'à Nantes. Il faut porter les premiers coups à la malveillance auprès du Comité de salut public.

410. BERNIER (Etienne-Alexandre).

L. A. S. au général Girardon ; Paris, 10 fructidor an IX, 1 p. pl. in-4.

Pièce historique dans laquelle il annonce que le Concordat, signé le 15 juillet, a été ratifié à Rome le 15 août, et que le cardinal Caprara vient présenter solennellement la bulle au Premier Consul.

411. BONCHAMPS (Charles-Melchior-Artus de), n. 1759, m. 18 oct. 1793.

P. S. ; Angers, 7 janv. 1789, 1 p. in-fol.

Supplique au roi pour obtenir la permission de se marier avec Mlle Anne-Marguerite de Scepeaux. Il était alors officier au régiment d'Aquitaine, et âgé de 28 ans. La pièce contient ses états de service depuis 1776, et se termine par un certificat aut. sig. du marquis de Chastenay, déclarant que ce mariage est très-bon et convenable sous tous les rapports.

412. BONCHAMPS (Charles-Melchior-Artus de).

P. S., sig. aussi par *D'Armaillé, Piron*, etc. ; Saint-Florent, 25 mars 1793, 1 p. in-4 oblong.

Ordre aux habitants des paroisses voisines de l'armée de fournir et rassembler le plus de vivres possible.

413. BONCHAMPS (Charles-Melchior-Artus de).

P. S. par *Camus* ; 29 nivôse an III, 2 p. in-fol., cachet.

Décret de la Convention qui ordonne la mise en liberté de la veuve de *Bonchamps*, laquelle, « à la suite d'une action, a sauvé la vie à un grand nombre de patriotes. »

414. CADOUDAL (Georges), n. 1771, décapité en 1804.

L. A. S. *Georges* à Bourmont ; 23 déc. 1799, 1 p. pl. in-4.

Document historique très-important et d'une grande rareté autographique. Il sollicite une prompte réponse du général Hédouville pour l'armistice. « La facilité avec laquelle les bleus accordent me fait trembler ; ils sont décidés à ne rien tenir... Peut-être ne nous verrons-nous plus avant que le canon gronde. Dans tous les cas, comptez sur moi. Mais encore une fois, la guerre seule peut nous amener à notre but. »

415. CHARETTE DE LA CONTRIE (François-Athanase), n. 1763, fusillé en 1796.

L. S. à M. Bureau de La Batardière, à Nantes ; Belleville, 18 juin 1795, 2 p. 3/4 in-4.

Pièce historique. Il proteste que le bonheur de son pays a été l'unique but qui l'a conduit dans les accords arrêtés et il a pris la détermination de rester fidèle à ses engagements. « Je les ai contractés avec bonne foi ; on ne m'accusera jamais avec fondement de chercher à les enfraindre, car ce seroit le comble de la méchanceté de mettre sur mon compte ou voulloir me rendre responsable des crimes de quelques particuliers qui troublent la tranquillité publique et s'écartent des conventions, lorsque je mets tout en usage pour les prévenir et en faire punir les coupables. »

416. CHARLES-AUGUSTE, chef de chouans.

L. A. S. à M. Lostelloy, chef des royalistes, au Mans ; 3 avril 1795, l'an III du règne de Louis XVII, 1 p. in-4.

Envoi de la copie de la lettre qu'il a écrite aux soldats.

417. CORMATIN (Pierre-Marie-Félicité Dezoteux-), n. 1750, m. 1812.

L. A. S. à Pougens ; 1er sept. 1803, 3 p. in-4.

Il s'occupe en silence des sciences et des arts, « mais Cormatin, qui veut désormais vivre ignoré, ne doit réveiller aucuns souvenirs. »

418. DOMMAIGNÉ, commandant de la cavalerie, tué le 10 juin 1793.

P. S.; Fontenay-le-Comte, 28 mai 1793, 1 p. in-8 oblong.

419. FORESTIER (Henri), commandant en chef de la cavalerie, n. 1775, m.. 1806.

L. A. S. à ses frères et amis; Bouzillé, 30 mars 1793, 1/2 p. in-8 oblong. Déchirure dans un angle n'atteignant pas le texte.

Accusé de réception de leur envoi de vivres.

420. HERVILLY (Louis-Charles, comte d'), commandant de la garde constitutionnelle de Louis XVI, célèbre par l'affaire de Quiberon, n. 1755, m. de ses blessures, 1795.

L. A. S.; Nantes, 6 fév. 1791, 1 p. in-fol.

Relative au recrutement du régiment de Rohan, dont il était colonel.

421. JOLY, fameux chef vendéen, n. 1750, fusillé par ordre de Stofflet, 1795.

1º L. A. S. au commandant Bulkeley; 3 juin 1793, 1 p. in-4.

Sur les mouvements militaires de la Vendée.

2º L. A. S., 1 p. in-4.

422. LA ROCHEJAQUELEIN (Henri de), n. 1772, tué le 4 mars 1794.

P. S., sig. aussi par *D'Armaillé* et *Richeteau;* Fontenay, 27 mai 1793, 1/2 p. in-4.

Passeport accordé à un prisonnier républicain qui a promis de ne pas reprendre les armes contre la religion catholique.

423. LESCURE (Louis-Marie de), n. 1766, tué le 3 novembre 1793.

P. S.; 10 juill. 1792, 1 p. in-fol.

Certificat de présence, à lui délivré, constatant que, demeurant ordinairement à Clisson, il est arrivé à Paris le 11 février 1792 et qu'il demeure rue des Saulsayes, section du Roule. Dans cet acte authentique sont ses noms, prénoms, qualités, lieu de naissance, âge et signalement. Il est dit âgé de 25 ans et né à Paris, contrairement aux biographies, qui le font naître dans le Poitou.

424. PIRON, lieutenant de d'Elbée.

L. A. S., 1 p. in-8 oblong.

425. SAPINAUD DE LA VÉRIE, tué en 1793.

L. A. S. à Bulkeley; Chantonnay, 24 juin (1793), 3/4 de p. in-4.

Intéressante lettre sur les prisonniers républicains.

426. SAVIN, lieutenant de Charette.

P. A. S.; Palluau, 27 mai 1793, 1 p. in-8 oblong. Pièce fort rare, mais doublée et tachée d'eau.

427. SOUCHU, l'organisateur du massacre de Machecoul, début de l'insurrection vendéenne, tué le 22 avril 1793.

P. A. S.; Machecoul, 19 mars 1793, « l'an dernier du brigandage », 1 p. in-8 oblong.

Laissez-passer. Autographe fort rare.

428. **STOFFLET** (Nicolas), n. 1752, fusillé à Angers, le 24 février 1796.
L. S. à M. Mangin ; Moronsière, 28 octobre 1795, 1 p. 1/2 in-4.

429. **TERRIEN**, dit *Cœur de lion*, chef de chouans.
L. S. aux membres du district de Châteaubriant ; 31 mars 1795, 1 p. 1/2 in-4.

HOMMES DE GUERRE

FRANCE

430. **ARTUS III**, comte de Richemont, duc de Bretagne, surnommé *le Justicier*, connétable de France, n. 1393, m. 1458.

> L. S. aux conseillers de la ville de Lyon ; Vienne, 25 avril, 1 p. in-fol. oblong.

431. **DUNOIS** (Jean d'Orléans, comte de), dit *le bâtard d'Orléans*, l'illustre compagnon de Jeanne d'Arc, n. 1403, m. 1468.

> L. A. S. aux présidents et conseillers de la chambre des comptes ; Ysnay-le-Chastel, 29 août, 1/2 p. in-4 oblong, trace de cachet.
>
> Précieux autographe. C'est une lettre de créance pour un de ses serviteurs, qui a charge de recouvrer de la Chambre des Comptes le double de la composition de Montargis.

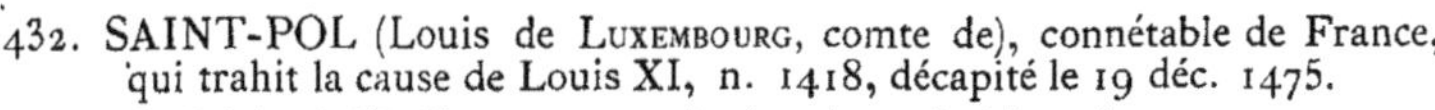

432. **SAINT-POL** (Louis de Luxembourg, comte de), connétable de France, qui trahit la cause de Louis XI, n. 1418, décapité le 19 déc. 1475.

> L. S. à Louis XI ; Noyon, 7 septembre (1471), 1 p. in-fol., cachet.
>
> Pièce historique sur les négociations qui précédèrent le traité du Crotoy, conclu le 3 octobre suivant entre Louis XI et Charles le Téméraire.

433. **NEMOURS** (Jacques d'Armagnac, duc de), un des chefs de la ligue du Bien public, décapité en 1477.

> Sa signature sur une feuille de vélin détachée d'un bréviaire, 1 p. in-fol. Autographe fort rare.

434. **DUNOIS** (François, comte de), gouverneur de Normandie et de Dauphiné, grand chambellan de France, fils du bâtard d'Orléans, m. le 25 nov. 1491.

> L. A. S. à M. Bourré Duplessis ; 5 juillet, 1/2 p. in-4.

435. BOURBON (Charles de), comte de Montpensier et de la Marche, dauphin d'Auvergne, connétable de France, qui porta les armes contre son pays, n. 1490, tué au siége de Rome le 6 mai 1527.

L. S., avec la souscript. aut., au comte de Genève ; Milan, 27 juillet, 1 p. in-4, cachet.

Précieuse pièce. Il demande au duc de laisser passer sur ses terres les serviteurs qui lui amènent les dogues dont le roi d'Angleterre lui a fait présent.

436. DAILLON (Jacques de), seigneur du Lude, sénéchal d'Anjou, gouverneur de Fontarabie, qu'il défendit héroïquement contre les Espagnols, en 1522.

L. S. au duc de Milan ; 10 octobre, 1 p. in-fol. Très-intéressante lettre militaire.

437. CHABOT (Philippe de), seigneur de Brion, amiral de France, conseiller de François Iᵉʳ, m. 1543.

L. S. *Brion* au duc de Milan ; Dijon, septembre..., 1/2 p. in-fol., cachet. Jaunie et doublée dans le haut.

438. COLIGNY (Gaspard de), l'illustre amiral de France, n. 1517, assassiné le 24 août 1572.

L. S., avec la souscription et 2 lignes autographes, à M. de Bassefontaine, maître des requêtes de l'hôtel du Roi ; Saint-Quentin, 26 février 1555 (1556), 3/4 de p. in-fol., trace de cachet. Magnifique pièce.

Pièce historique sur les préparatifs du voyage que l'amiral fit à Bruxelles en mars suivant pour ratifier la trève de Vaucelles (qu'il avait signée avec le comte de Lalaing).

439. BASSOMPIERRE (François de), maréchal de France, célèbre par ses aventures galantes et par sa haine contre Richelieu, auteur de *Mémoires*, n. 1579, m. 1646.

P. S., sig. aussi par le maréchal de *Saint-Luc* ; 13 juin 1635, 1 p. in-fol. Jolie pièce.

440. ROHAN (Henri II, duc de), l'illustre capitaine protestant, n. 1579, m. 1638.

L. A. S. de son monogramme, à sa mère (Catherine de Parthenay) ; Padoue, 1ᵉʳ janvier 1631, 1 p. in-fol., cachet.

Il mande que le froid a fait diminuer la peste. « L'on croid icy la paix, ce qui retarde tout-à-fait mes levées. »

441. MONTMORENCY (Henri II, duc de), maréchal de France, qui souleva le Languedoc contre Louis XIII, n. 1595, décapité à Toulouse, en 1632.

L. A. S. (à Richelieu ?) ; Luçon, 18 janv. 1626, 1 p. 1/2 in-fol. Intéressante.

442. FABERT (Abraham), maréchal de France, n. à Metz, 1599, m. à Sedan, 1662.

> L. A. S. au cardinal Mazarin ; Sedan, 28 avril 1650, 1 p. 1/2 in-4, cachets brisés.
> Très-belle lettre de recommandation en faveur de M. de Chavigny.

443. SCHONBERG (Charles de), maréchal de France, époux de Marie de Hautefort, n. 1601, m. 1656.

> L. A. S. au marquis de Feuquière ; Metz, 7 février (1653), 1 p. pl. in-fol., cachets et soies.

444. DUQUESNE (Abraham), l'illustre marin, n. à Dieppe, 1610, m. 1688.

> L. A. S.; de l'armée navale aux îles d'Hières, 30 juin 1676, 4 p. pl. in-fol.
> Pièce historique sur des questions navales.

445. VAUBAN (Sébastien LEPRESTRE, marquis de), maréchal de France, n. 1633, m. 1707.

> L. A. S. à S. A. S...; Givet Notre-Dame, 17 fév. 1703, 1 p. in-4.
> Il le remercie des félicitations qu'il en a reçues sur son élévation au maréchalat.

446. CATINAT (Nicolas de), maréchal de France, n. 1637, m. 1712.

> L. A. S.; Suse, 16 janvier (1691), à midi, 2 p. in-4.
> Intéressante lettre militaire sur l'affaire de Savillan.

447. DUGUAY-TROUIN (René), un des plus illustres marins du siècle de Louis XIV, n. 1673, m. 1736.

> L. A. S.; à bord du *Jason*, 25 août 1706, 5 p. 1/2 in-fol.
> Pièce historique où il rend compte des raisons qui l'ont forcé à sortir de Cadix.

448. CHEVERT (François de), un des plus célèbres généraux du règne de Louis XV, n. à Verdun, 1695, m. 1769.

> L. A. S.; Paris, 24 juillet 1754, 2 p. in-4. Très-belle lettre.

449. SAXE (Maurice, comte de), illustre maréchal de France, le vainqueur de Fontenoy, n. 1696, m. 1750.

> L. A. S. au comte de Saint-Germain ; Chambord, 18 nov. 1730, 1 p. in-4. Belle pièce.

450. LANNES (Jean), duc de Montebello, maréchal de l'Empire, n. 1769, tué à la bataille d'Essling, 31 mai 1809.

> L. A. S. (au comte Gueheneuc); Burgos, 7 sept. 1808, 3/4 de p. in-4.
> Il lui mande qu'il souffre d'une chute de cheval, ce qui ne l'a pas empêché d'aller battre 80,000 hommes commandés par Castanos. « Je n'avois que 15,000 françois de la petite espèce. »

451. DUROC (Géraud-Christophe-Michel), grand maréchal du palais de Napoléon, n. 1772, tué le 23 mai 1813.

> 1° L. A. S.; Saint-Cloud, 14 sept. 1810, 1 p. in-fol. — 2° L. A. S.; Bayonne, 13 mai 1808, 1 p. 1/2 in-fol.
> Instructions pour le voyage du roi et de la reine d'Espagne de Bayonne à Fontainebleau.

452. BUGEAUD (Thomas-Robert), duc d'Isly, maréchal de France, n. à Limoges, 1784, m. 1849.

L. A. S. à Toussenel ; La Durantie, 8 sept. 1840, 2 p. 1/2 in-8. Légère déchirure n'atteignant pas le texte.

Curieuse lettre où il le remercie de ses éloges et juge sévèrement les événements militaires qui s'accomplissent en Algérie.

453. **PELISSIER** (Amable-Jean-Jacques), duc de Malakoff, maréchal de France, qui prit Sébastopol, n. 1794, m. 1864.

L. A. S. (au maréchal Vaillant) ; Sébastopol, 5 juillet 1856, 2 p. in-4, tête impr.

Importante lettre où il parle des récompenses accordées après la paix. Il est heureux de l'entrée au Sénat des généraux Mac-Mahon et de Salles. « Si je n'ai point porté le premier sur ma liste, c'est que je l'ai toujours considéré comme n'ayant point besoin d'être nommé sénateur pour avoir, un jour, ses entrées au Sénat. » Il le prie de ne pas oublier les généraux de Martimprey et Bazaine dans les prochaines promotions dans la Légion. d'honneur.

ÉTRANGER

454. **JUAN D'AUTRICHE** (Don), fils naturel de Charles-Quint, le vainqueur des Turcs à Lépante, n. 1545, m. 1578.

L. S., en français, au sieur de La Conte ; Bruxelles, 15 mai 1577, 1/2 p. in-fol., trace de sceau. Légères déchirures.

455. **WURMSER** (Dagobert-Sigismond, comte de), feld-maréchal autrichien, adversaire de Bonaparte en Italie, n. 1724, m. 1797.

L. A. S., en français, à M. Guillard ; Olveiller, 13 janv. 1773, 1 p. 3/4 in-4, cachet.

456. **LOUVERTURE** (Toussaint), le célèbre défenseur de Saint-Domingue contre les Français, n. 1743, m. 1803.

L. S. au cit. Vincent, directeur des fortifications de Saint-Domingue ; le Cap, 6 juin 1798, 7 p. 1/4 in-fol., tête impr.

Relative à l'arrivée du général Hédouville comme commissaire de la République à Saint-Domingue. Toussaint Louverture se défend des projets ambitieux qu'on lui prête, exprime son attachement à la métropole, expose tout ce qu'il a fait pour ramener l'industrie et la paix dans la colonie, et en chasser les Anglais. Il s'élève avec force contre Sonthonax, qu'il a dû éloigner pour éviter de grands malheurs.

457. **LOUVERTURE** (Toussaint).

L. A. S., en français, à M. Mémieu ; au cachot du fort, 22 fructidor an X (9 sept. 1802), 1 p. in-8.

Lettre écrite du fort de Joux, où il était enfermé. — Les lettres autographes de Toussaint Louverture sont très-rares. On y a joint une lettre de son fils Isaac.

458. **KOSCIUSZKO** (Thaddeus), le célèbre patriote polonais, n. 1746, m. 1817.

P. S., en français ; Paris, 8 vendémiaire an VII, 1/2 p. in-4.

459. **NELSON** (Horatio), l'illustre amiral anglais, n. 1758, tué à Trafalgar le 21 octobre 1805.

L. A. S. à M. Lambton Este ; à bord du *Victory*, 3 août 1804, 1 p. pl. in-4, adresse et cachet.

Belle lettre où il se plaint de l'irrégularité du service postal.

SAVANTS ET ÉRUDITS

FRANCE

460. **BUFFON** (Jean-Louis Leclerc, comte de), le grand naturaliste, n. 1707, m. 1788.

L. A. S. à M. M. de Madières; jardin du Roi, 16 juill. 1741, 1 p. in-4. Légères taches de rousseur.

Relative au transport des plantes destinées au Jardin du Roi.

461. **VAUCANSON** (Jacques de), le célèbre mécanicien, n. à Grenoble, 1709, m. 1782.

L. A. S. à Abeille; 12 sept. (1779), 1 p. in-4, cachet. Belle et rare lettre.

462. **BAILLY** (Jean-Sylvain), célèbre astronome, membre de l'Acad. fr., premier maire de Paris, n. 1736, décapité le 11 nov. 1793.

L. A. S. à M. Hennin; Paris, 14 déc. 1786, 1/2 p. in-4. Curieuse.

463. **LAVOISIER** (Antoine-Laurent), le fondateur de la chimie moderne, n. 1743, décapité le 8 mai 1794.

L. A. S. à Fourcroy ; 19 frimaire an II, 2 p. 1/2 in-4.
Curieuse lettre sur la caisse de l'Académie des Sciences qui contient plus de 5o,ooo livres et dont il est responsable.

464. MONGE (Gaspard), célèbre géomètre, n. 1746, m. 1818.
L. A. S. à Jean de Bry ; Paris, 2 germinal an XI, 1 p. in-4, vig. et tête impr.

465. BOSC (Louis-Augustin-Guillaume), naturaliste, ami de M*me* Roland dont il publia les *Mémoires*, n. 1759, m. 1828.
L. A. S. à Broussonet ; Paris, 9 germinal an IV, 7 p. in-4.
Il raconte sa conduite sous le régime de la Terreur, ses visites aux prisonniers, le refuge qu'il offrit à des proscrits, entre autres à Roland. sa nomination comme directeur des postes, etc. Il parle ensuite de la fille de Roland, dont il était le tuteur. « Elle m'est tendrement attachée et annonce les plus intéressantes dispositions. Aussi ne puis-je plus me deffendre de répondre à son vœu et de la prendre pour femme, malgré la disproportion de nos ages. » Rien d'intéressant à l'Institut, sauf un zoologiste arrivé de Normandie, Cuvier, qui fouille dans les dépôts du Muséum d'histoire naturelle.

466. CHAMPOLLION (Jean-François), dit *le jeune*, l'illustre interprète des Hiéroglyphes, n. 1790, m. 1832.
1° L. A. S. à Jullien de Paris; (13 sept. 1827), 1/2 p. in-8. — 2° L. A. S.; 3 janvier, 1 p. in-8. — 3° L. A. S. au docteur Pariset, 1/2 p. in-8.
Lettre signée en hiéroglyphes.

467. JACQUEMONT (Victor), célèbre naturaliste et voyageur, n. 1801, m. 1832.
8 L. A., dont 3 signées, à son père et à son frère aîné Porphyre (capitaine d'artillerie, sur les conseils duquel il entreprit ses voyages); à bord du *Cadmus*, Port-au-Prince et New-York, 18 nov. 1826 au 10 juillet 1827, 3o p. in-4.
Très-intéressante correspondance comprenant le récit de son premier voyage.

468. NEWTON (Isaac), un des plus grands génies scientifiques qui aient existé, n. 1642, m. 1727.
P. S ; 31 mars 1720, 1/2 p. in-fol.
Très-légère tache d'humidité.

469. FRANKLIN (Benjamin), illustre savant américain, auquel on doit le paratonnerre, n. 1706, m. 1790.
L. A. S. à Washington ; Passy, 2 mars 1778, 1 p. in-4. Légère déchirure n'atteignant pas le texte.
Belle lettre de recommandation en faveur de M. de Fontevieux, ami de la cause américaine.

470. MESMER (Antoine), médecin allemand, fameux par sa doctrine du magnétisme animal, n. 1733, m. 1815.
L. A. S., en français, au docteur Dubreuil ; Paris, 18 germinal an VII, 3/4 de p. in-4, cachet. Tachée. Déchirure enlevant quelques lettres.
Envoi d'un Mémoire sur le magnétisme animal.

ÉCRIVAINS

FRANCE

471. **ORLÉANS** (Charles, duc d'), un des meilleurs poëtes de son temps, père de Louis XII, n. 1391, m. 1465.

L. A. S. aux chancelier et trésorier d'Orléans, 3/4 de p. in-fol. oblong, cachet.

Précieuse pièce, écrite de Londres où il était captif. Elle concerne une somme à payer au duc de Clarence pour venir en déduction de la rançon « de beau frère d'Angolesme. »

472. **ORLÉANS** (Charles, duc d').

L. S., sur vélin, avec une ligne autographe ; Blois, 26 juin 1457, 1 p. in-fol. oblong. Jolie pièce.

473. **COMMYNES** (Philippe de), l'historien de Louis XI, n. 1445, m. 1509.

L. S., avec la souscript. aut., à la Reine (Anne de Bretagne) ; Tours, 17 juillet (1505), 1 p. 1/4 in-fol., trace de cachet.

Très-intéressante lettre où il lui raconte une entrevue qu'il a eue avec le Roi. Sa Majesté lui a tenu « bien longues parolles par troys foys et hier de vous longtemps au prepos du petit cheval qui me fit monstre, sur lequel entrez voullentiers aux villes, comme il me dit ; et me semble, Madame, qu'il désire bien vostre retour. »

474. AMYOT (Jacques), évêque d'Auxerre, grand-aumônier de France, traducteur de Plutarque, n. 1513, m. 1593.

P. S.; 31 mai 1568, 1 p. in-fol.

475. TYARD (Pontus de), évêque de Chalon-sur-Saône, un des poëtes de la
Pléiade, n. 1521, m. 1605.

P. S.; 27 juin 1599, 1 p. in-8 oblong. Autographe fort rare.

476. RAPIN (Nicolas), poëte, un des auteurs de la *Satire Ménippée*, n. 1540,
m. 1608.

P. S.; 2 avril 1593, 2 p. in-fol.

477. DESPORTES (Philippe), célèbre poëte, oncle de Mathurin Regnier, n. à
Chartres, 1545, m. 1606.

L. A. S. à Villeroy; Vallery, jeudi matin, 1/2 p. in-4 oblong.

Curieuse et très-rare lettre, qui commence ainsi : « Monseigneur, nous sommes plus variables en noz voiages que les sept planettes errantes. Le roy veit hier force belles maisons... Il va disner à Valence et coucher à Vaux et vandredy coucher à Fontenay... »

478. MALHERBE (François de), n. 1555, m. 1628.

L. A. S. à son cousin M. Du Bouillon, à Caen ; Paris, 1er déc. 1614, 1 p. pl. in-fol.,
cachets brisés.

Belle lettre, où il donne des nouvelles de la Cour. « Madame de Longueville arriva hier. L'on attend monsieur son filz au premier jour. Je croy que nous l'aurons pour gouverneur, quoy que l'on die. Il n'y a pas d'apparence qu'il ne quittast un œuf pour un chapon... »

479. CHAPELAIN (Jean), poëte, auteur de *la Pucelle*, membre de l'Acad.
fr., n. 1595, m. 1674.

L. A. S. à M. de Lionne (le célèbre diplomate); Paris, 16 sept. 1645, 2 p. pl. in-8,
cachets brisés. La moitié du feuillet de l'adresse est enlevée.

Très-jolie lettre où il parle du mariage de M. de Lionne.

480. DES CARTES (René), le grand philosophe, n. 1596, m. 1650.

L. A. S. à M. de Pollot, à La Haye ; du
Hoef, 21 oct. 1643, 1 p. in-fol. Le feuillet
de l'adresse est taché.

Intéressante lettre sur les persécutions dont il avait été l'objet à La Haye. Il est satisfait d'apprendre que l'affaire est arrangée. Il exprime son remords d'avoir proposé la question des trois cercles à la princesse de Bohême.

481. BALZAC (Jean-Louis Guez, seigneur de), un de nos meilleurs prosateurs,
n. 1597, m. 1654.

L. A. S. d'un monogramme, au cardinal de La Vallette, 6 p. in-4, cachets et soies.

Épître de bel esprit, espèce de course au clocher dans les temps modernes et de voyage rétrospectif dans l'antiquité. Jeu d'esprit pour amuser le cardinal, auquel il souhaite la tiare que ne finit pas de déposer le pape qui dure trop longtemps.

482. BALZAC (Jean-Louis Guez de).

Pièce de vers autographe, 5 p. 1/2 in-4.

Magnifique pièce commençant ainsi :

« Alcipe, reviens dans nos boys ;
Tu n'as que trop suivi les Roys,
Et l'infidèle espoir, dont tu fais ton idole... »

483. VOITURE (Vincent), un des plus célèbres écrivains de son temps, membre fondateur de l'Académie française, n. à Amiens, 1598, m. 1648.

L. A. S. à Monseigneur (le comte d'Avaux); 11 août (1645), 8 p. 1/2 in-fol.

Magnifique et précieuse lettre où il lui parle de la marquise de Montausier (Julie d'Angennes) qui a été extrêmement aise que le comte approuvât son mariage. « On n'aura guère plus de joye de la paix générale que les honestes gens en ont eue de la paix de vous et de M. Servien. Je crois que c'est tout de bon, comme vous me l'escrivés... Monseigneur le Cardinal en plusieurs rencontres a tesmoigné d'en avoir une extrême joye. Madame la marquise de Sablé a été bien aise de voir les trois lignes que vous avés mises pour elle, mais il vous faudra bien faire d'autres choses que cela pour l'appaiser. »

484. SCUDÉRY (Georges de), poëte dramatique, auteur d'*Alaric*, membre de l'Académie française, n. au Havre, 1601, m. 1667.

L. A. S. à M. .; Paris, 15 mai 1654, 2 p. in-4. Très-légère déchirure.

Autographe très-rare. Georges de Scudéry remercie son correspondant de la bienveillance qu'il lui a témoignée dans une lettre adressée à leur illustre et commun ami M. Chapelain. Il se réjouit de la conformité qui existe dans leur respect pour la reine de Suède. « Au reste, Monsieur, ayant apris par vostre lettre que vous alliez commencer de lire mon Alaric, j'attens avec beaucoup d'impatience le jugement que vous en ferez : s'il m'est avantageux, ce sera ma plus haute gloire. »

485. **MÉNAGE** (Gilles), érudit et critique, n. 1603, m. 1692.

L. A. S.; Saint-Denis d'Anjou, 1 p. in-4. Jolie lettre.

486. **CORNEILLE** (Pierre), un des plus illustres poëtes dramatiques de la France, n. 1606, m. 1684.

P. S., sig. aussi par *Jeanne de Corbinelli* et *Jacques Petit;* les Andelys, 5 janv. 1641, 4 p. in-fol. Coupure à la première page n'atteignant pas le texte.

Précieux autographe. Pierre Corneille intervient, comme témoin, dans un acte passé entre Jeanne de Corbinelly, prieure de l'Hôtel-Dieu de Saint-Jacques d'Andely, et Jacques Petit, contrôleur du domaine du vicomté d'Andely, relativement à une propriété située à Andely, près de l'Hôtel-Dieu.

487. **SCUDÉRY** (Madeleine de), célèbre romancière, n. 1607, m. 1701.

L. A. S. (à Huet); (1692), 2 p. in-4. Légère tache.

Belle lettre où elle parle de la mort de Ménage,

488. **SCARRON** (Paul), poëte burlesque, l'auteur du *Roman comique*, premier mari de Mme de Maintenon, n. 1610, m. 1660.

L. A. S. à Pellisson-Fontanier; 11 avril 1660, 1 p. pl. in-4.

Autographe extrêmement rare dans lequel Scarron envoie un madrigal pour Foucquet. Derrière la pièce sont quelques mots de la main de Pellisson.

489. **LA ROCHEFOUCAULD** (François VI, duc de), l'auteur des *Maximes*, n. 1613, m. 1680.

L. A. S. à M. de Chavigni; Verteuil, 15 février (1650), 1 p. 1/2 in-fol., cachets brisés.

Très-jolie lettre où il le remercie des preuves d'amitié qu'il lui a données.

490. **BUSSY-RABUTIN** (Roger, comte de), l'auteur de l'*Histoire amoureuse des Gaules*, n. 1618, m. 1693.

L. A. S. au P. Bouhours, avec un post-scriptum aut. sig. d'une page de sa fille la comtesse de Dalet; Chaseu, 16 janv. 1691, 2 p. 1/2 in-8, cachet. Charmante épître.

491. **MAUCROIX** (François de), poëte aimable, le plus fidèle ami de La Fontaine, n. à Noyon, 1619, m. 1708.

L. A. S. à Boileau-Despréaux; Reims, 2 nov. 1683, 2 p. 1/2 in-8, cachet.

Il le prie de donner six louis à leur ami commun Cassandre.

492. **LA FONTAINE** (Jean de), l'immortel fabuliste, n. 1621, m. 1695.

P. A. S.; 5 janv. 1660, 1/2 p. in-4.

Reçu donné comme maître des eaux et forêts du duché de Château-Thierry.

493. **LA FONTAINE** (Jean de).

L. A. S. à M. Bafoy, intendant des affaires du duc de Bouillon, à Paris; Reims, 1er sept. 1666, 1 p. 1/4 pet. in-4, cachet brisé. Légères taches.

Précieuse pièce, les lettres de La Fontaine étant très-rares. — Il se plaint de n'avoir rien touché de sa charge depuis deux ans. « Je m'adresse à vous plustost qu'à pas un autre, sçachant très bien que vous estes pour la justice et vous supplie en mon particulier et au nom de tous les officiers de considérer qu'il n'y en a pas un de nous qui puisse ainsi attendre la jouissance de son revenu sans une extrême incommodité. »

494. PELLISSON-FONTANIER (Paul), historiographe de France, ami et compagnon d'infortune de Foucquet, membre et historien de l'Académie française, n. à Béziers, 1624, m. 1693.

L. A. S. au R. P. (Bouhours ?); Versailles, 29 août 1687, 2 p. 1/2 in-8.

Très-jolie lettre sur le duc de Montausier et un ouvrage du révérend père auquel il écrit.

495. BOSSUET (Jacques-Bénigne), l'illustre évêque de Meaux, n. 1627, m. 1704.

L. A. S. (à la Révérende mère Agnès de Jésus-Marie de Bellefonds); Saint-Germain-en-Laye, 25 avril 1672, 2 p. in-4. Jaunie.

Curieuse lettre signée *J. Bénigne, a. E. de Condom.* Elle est toute relative à la disgrâce du maréchal de Bellefonds. « La perte que je fais d'un homme qui cherche Dieu et d'un ami si fidèle et si seur, est une chose presque irréparable en ce pais.. .. Je suis certain qu'il est percé de douleur de s'estre trouvé dans un état auquel il a cru estre obligé de déplaire au Roy et de lui désobéir. C'est une chose bien rude à un si bon cœur et à un si bon chrétien. »

496. PERRAULT (Charles), l'auteur des *Contes*, membre de l'Académie française, n. 1628, m. 1703.

P. A. S., sur vélin; Paris, 3 oct. 1696, 1 p. in-4 oblong. Jaunie.

Reçu de 165 livres pour une demi-année d'arrérages d'une rente sur la ville de Paris. — Cette pièce est précieuse en ce qu'elle offre un spécimen indiscutable de l'écriture de Charles Perrault, qu'on a souvent confondue avec celle de son frère Claude. C'est pourquoi j'en reproduis le fac-simile.

497. SANTEUL (Jean de), le célèbre poëte latin, n. 1630, m, 1697.

P. A. S., 1 p. in-4.

498. HUET (Daniel), évêque d'Avranches, un des plus savants hommes de son temps, membre de l'Académie française, n. 1630, m. 1721.

L. A. S. *Huet* à Bochart, 3/4 de p. in-4, cachet. Déchirure enlevant un mot.

Lettre de sa jeunesse, où il s'excuse de ne pas lui avoir encore rendu l'argent qu'il lui a prêté. Il a été mal avec son tuteur, mais le temps de sa majorité s'approche. Il demande à lui emprunter les Epîtres de Scaliger.

499. FLECHIER (Esprit), évêque de Nîmes, célèbre orateur de la chaire, membre de l'Académie française, n. 1632, m. 1710.

165.#

Je charles Perrault Con.er du Roy y deuant Controlleur general des bast.s
de sa Ma.té Confesse auoir receu de M.re Jacquar Boucot Con.er du
Roy Receueur du domaine dons et octrois de la ville de Paris —
La somme de Cent Soixante cinq Liures pour vne demie
annee d'arrerages esheue le dernier jour de mars de la p.nte —
annee a cause de M.c xxx.tt de rente a luy Deue par la
Ville comme estant aux droits de Jean Beauchra Juré du Roy
es oeuures de maçonnerie suiuant le contract delad. Ville
passe a son proffit par n.rs les Preuost et Escheuins delad. Ville
pardeuant Taboué notaire et son confrere a Paris le xii mars —
1691. de la quelle somme Je quitte led. S.r Boucot et tous autres
faict a Paris le 3.e octobre g65l quatrevingt seize. —

Perrault

L. A. S. *Flechier* au R. P. Bouhours ; Versailles, 9 septembre (1676), 1 p. 1/4 in-8, cachet brisé.

Belle lettre où il le félicite sur un de ses ouvrages (l'*Histoire de Pierre d'Aubusson, grand-maître de Rhodes*). « Il estoit juste que vous nous donnassiés un modèle pour écrire l'histoire, comme vous nous en avez donné pour le dialogue (les *Entretiens d'Ariste et d'Eugène.*, et que vous missiés vous-même si heureusement en pratique les belles observations que vous avez faites sur la langue. » — (Les lettres de Flechier antérieures à son élévation à l'épiscopat sont plus rares et plus recherchées).

500. MAINTENON (Françoise d'AUBIGNÉ, marquise de), célèbre épistolaire, n. 1635, m. 1719.

L. S., écrite par Mlle d'Aumale, (à Mme de Blosset); Fontainebleau, 5 septembre (1711), 1 p. in-4. Charmante épître.

501. MAINTENON (Françoise d'AUBIGNÉ, marquise de).

L. S., écrite par Mlle d'Aumale, à la comtesse de Caylus; Saint-Cyr, 16 sept. 1715, 3 p. pet. in-4, cachet.

Jolie lettre. « Je suis très édifiée du dîner que vous avez donné à Madame de Dangeau. Je suis assurée que vous y avez assez mangé l'une et l'autre. Nous serions tous assez riches si nous ne voulions que le nécessaire... »

502. BOILEAU-DESPRÉAUX (Nicolas), illustre poëte, de l'Académie française, n. 1636, m. 1711.

L. A. S. à Jean Racine ; Auteuil, 26 mai (1687), 3 p. pl. in-8. Pièce montée.

Précieuse lettre, provenant, comme les suivantes, du recueil des lettres de Boileau à Brossette. Elle présente quelques corrections qui me font penser, malgré la signature, que ce n'est qu'une minute. — Boileau donne des nouvelles de sa santé. « Vous avés raison d'estimer, comme vous faictes, Mr de Vauban. C'est un des hommes de nostre siècle, à mon avis, qui a le plus prodigieux mérite, et, pour vous dire en un mot ce que je pense de lui, je crois qu'il y a plus d'un Mareschal de France qui, quand il le rencontre, rougit de se voir Mareschal de France. »

503. BOILEAU-DESPRÉAUX (Nicolas).

L. A. S. à son neveu M. de La Chappelle, conseiller de la cour de Metz; 23 avril 1699, 1 p. in-8. Pièce montée.

Précieuse lettre, écrite après la mort de Jean Racine. Elle commence ainsi : « Je suis si suffoqué, mon cher neveu, de douleur, d'affaires et de complimens que j'espère que vous trouverés bon que je ne vous escrive qu'en stile très laconique et que, jusqu'à ce que j'aye le temps de respirer, un simple billet vaille pour vous et pour ma très chère nièce, vostre illustre épouse... »

504. BOILEAU-DESPRÉAUX (Nicolas).

L. A. S. (à Brossette); Paris, 5 fév. 1700, 2 p. in-4. Pièce montée.

Très-belle lettre sur la mort de la mère de Brossette. « Tous ce que j'ay à vous conseiller c'est de vous saouler de larmes. Je ne sçaurois approuver cette orgueilleuse indolence des stoïciens qui rejettent follement ces secours si innocens que la Nature envoie aux affligés, je veux dire les cris et les pleurs. Ne point pleurer la mort d'une mère ne s'appelle pas de la fermeté et du courage. Cela s'appelle de la dureté et de la barbarie... »

505. BOILEAU-DESPRÉAUX (Nicolas).

L. A. S. (à Brossette); Auteuil, 2 juin 1700, 2 p. in-4. Pièce montée.

Il le félicite sur la formation d'une académie à Lyon. « Elle n'aura pas grand'peine à surpasser en mérite celle de Paris qui n'est maintenant composée, à deux ou trois hommes près, que de gens du plus vulgaire mérite et qui ne sont grands que dans leur propre imagination. C'est tout dire qu'on y opine du bonnet contre Homère et contre Virgile et surtout contre le bon sens, comme contre un ancien beaucoup plus ancien qu'Homère et que Virgile... »

506. BOILEAU-DESPRÉAUX (Nicolas).

L. A. S. (à Brossette); Paris, 10 déc. 1701, 3 p. in-4. Pièce montée.

Curieuse lettre où il désavoue la paternité du *Chapelain décoiffé*. « C'est une pièce où je vous confesse que Mr Racine et moi avons eu quelque part, mais nous n'y avons jamais travaillé qu'à table, le verre à la main. Il n'a pas esté proprement faict *currente calamo* mais *currente lagenâ*, et nous n'en avons jamais escrit un seul mot. Il n'estoit point comme celui que vous m'avés envoié, qui a esté vraisemblablement composé après coup par des gens qui avoient retenu quelques unes de nos pensées, mais qui y ont meslé des bassesses insupportables. » Il cite quatre vers qu'il a reconnu être de lui, et déclare que Furetière a eu la plus grande part à cette pièce.

LETTRE DE BOILEAU A M. DE LA CHAPPELLE

Je suis si suffoqué mon cher Neveu de douleur d'affaires et de complimens ~~ausquels je agreaxe repondre~~ que j'espere
que vous trouverés bon que je ne vous escrive qu'en stile tres
Laconique et que jusqu'a ce que j'aye le temps de respirer
un simple billet vaille pour vous et pour ma tres chere
Niece vostre illustre Epouse. J'accepte vostre appartement
pour ~~le~~ Samedi prochain au soir ou Msgr Le Comte
Dayen doit me mener. Versailles Ce n'est pas pour y
parler de petites choses Je vous donne le bon soir et suis
tres Sincerement — Vostre tres humble et tres
                        obeissant serviteur Despreaux

Jeudi 29ᵉ Avril 1699

507. BOILEAU-DESPRÉAUX (Nicolas).

L. A. S. (à Brossette); Paris, 21 février (1702), 1 p. in-8. Pièce montée.

Il s'excuse de ne lui adresser qu'un billet en réponse aux trois lettres qu'il lui a écrites et où il a tâché de réveiller sa paresse par du français, du grec et du latin.

508. BOILEAU-DESPRÉAUX (Nicolas).

L. A. S. à Brossette; Auteuil, 15 juin 1704, 3 p. in-4. Pièce montée.

Spirituelle boutade contre la science du droit civil. Il lui a paru, quand il étudiait dans sa jeunesse, que la raison qu'on y cultivait n'était point la raison humaine et celle qu'on appelle le bon sens, mais une raison particulière fondée sur une multitude de lois qui se contredisent les unes les autres. Il cite des vers latins qu'il fit à ce sujet.

509. BOILEAU-DESPRÉAUX (Nicolas).

L. A. S. à Brossette; Paris, 2 déc. 1706, 2 p. 1/2 in-4. Pièce montée.

Il raconte une dispute qu'il eut avec le Roi relativement au mot de *rebrousser chemin* que Sa Majesté prétendait mauvais et que Boileau maintenait bon, de par l'autorité des meilleurs auteurs qui s'en sont servis. « Tous les courtisans qui estoient là m'abandonnèrent, et M. Racine tout le premier. Cependant je demeure encore dans mon sentiment. » Il cite des réponses pleines d'à-propos qu'il fit à Louis XIV en cette occasion.

510. BOURSAULT (Edme), célèbre auteur dramatique, n. 1638, m. 1701.

L. A. S. à une dame; Rambouillet, jeudi veille de Noël 1700, 3 p. in-4. Autographe rare.

Lettre d'affaires relative à ses fonctions de secrétaire de la duchesse d'Angoulême.

511. SENECÉ (Antoine BAUDERON de), poëte et bel esprit, n. à Mâcon, 1643, m. 1737.

L. A. S. à Titon Du Tillet; Mâcon, 12 mars 1730, 1 p. 1/2 in-4, cachet brisé.

Très-belle lettre de félicitations sur son *Parnasse français*.

512. GALLAND (Antoine), traducteur des *Mille et une nuits*, n. 1646, m. 1715.

6 L. A. S. à Nicolas Toinard; Caen, 1697 à 1703, 14 p. in-8.

Correspondance pleine de détails d'érudition.

513. FÉNELON (François de SALIGNAC DE LA MOTHE), n. 1651. m. 1715.

L. A. S. (au cardinal de Bissi); Bourbon, 28 sept. 1706, 4 p. in-4.

Très-intéressante lettre dans laquelle il déplore que les évêques se laissent, dans leur combat pour la bonne cause, arrêter par des raisons futiles. « La question de l'infaillibilité de l'Eglise sur les textes est bien plus importante que celle des cinq hérésies du Jansénisme. Il n'y a ni symbole ni canon qui ne soit en l'air, si on tolère cette erreur fondamentale. D'ailleurs, on est plus reculé contre le Jansénisme qu'on ne l'étoit il y a cinquante ans du tems des assemblées de 1656 et 1657, si on lâche pied sur ce point essentiel...»

514. REGNARD (Jean-François), poëte comique, n. 1655, m. 1709.

Fragment autographe, 1 p. in-4 oblong.

515. MONTFAUCON (Dom Bernard de), un des plus grands érudits de son temps, n. 1655, m. 1741.

L. A. S. à l'abbé Fleury; Paris, 25 janvier 1693, 1 p. 1/2 in-4. Très-intéressante lettre.

516. MASSILLON (Jean-Baptiste), évêque de Clermont, membre de l'Académie française, n. 1663, m. 1742.

L. A. S. *Massillon*; Paris, 15 juillet, 3 p. in-8.

Envoi d'un exemplaire de son *Oraison funèbre du prince de Conti*. — Les lettres antérieures à son élévation à l'épiscopat sont très-rares.

517. ROUSSEAU (Jean-Baptiste), le poëte lyrique, n. 1670, m. 1741.

L. A. S. à M^{mo} de Ferriol ; Vienne, 15 mai 1717, 3 p. in-4, trace de cachet.

Il annonce que son sort est enfin fixé et qu'il devient sujet de l'Empereur. Il parle d'une édition de ses Œuvres.

518. CRÉBILLON (Prosper JOLYOT de), poëte tragique, de l'Académie française, n. 1674, m. 1762.

L. A. S. à une demoiselle ; 28 juin, 3/4 de p. in-8. Très-jolie pièce.

519. DESTOUCHES (Philippe NÉRICAULT), poëte comique, membre de l'Académie française, n. 1680, m. 1754.

L. A. S. (à Titon du Tillet) ; Fortoiseau, 15 août 1740, 8 p. in-4.

Lettre prose et vers, la plus belle qu'on connaisse de Destouches. Il le félicite chaleureusement sur son *Parnasse françois*, magnifique monument dressé aux beaux esprits du siècle de Louis XIV. Il partage son amour pour la gloire de leur nation, « en cela bien différent de notre-Voltaire, si estimable d'ailleurs, qui se fait un point d'honneur d'exalter nos voisins à nos dépens, ce qui m'a inspiré l'épigramme que vous allez lire et l'indignation qui lui a donné toute sa vivacité :

> Un grand auteur ose avancer
> Que le François enseigne à plaire,
> Et que l'Anglois montre à penser.
> Au second point je suis contraire ;
> On ne sauroit me le prouver.
> Or voici ce que je hazarde :
> L'Anglois peut m'apprendre à rêver,
> Mais à penser ? Que Dieu m'en garde.»

520. MONTESQUIEU (Charles de SECONDAT, baron de), l'illustre auteur de l'*Esprit des lois,* n. 1689, m. 1755.

L. A. S. à mylord ...; (1728), 1 p. 1/2 in-4.

Plaisante lettre écrite de Presbourg, où il vient d'arriver. « Je suis bien content de l'acquisition que j'ay faitte d'un laquais hongrois qui me traite à touts les instants d'*illustris* et de *super illustris,* qui m'apaise, quand je le gronde, par le tittre de *celsissimus* et me porte une méchante soupe avec le titre de *magnificus...* »

521. PIRON (Alexis), l'auteur de la *Métromanie,* n. 1689, m. 1776.

L. A. S. (à Baculard d'Arnaud) ; 9 juillet 1761, 1 p. pl. in-12. Ecrîte sur du carton.

522. RACINE (Louis), poëte, auteur de la *Religion,* n. 1692, m. 1763.

L. A. S. à l'abbé Venuti ; Paris, 2 avril 1750, 2 p. 1/2 in-4, cachet.

Belle lettre où il parle d'une traduction, en vers italiens, de son poëme de la *Religion.*

523. VOLTAIRE (François-Marie AROUET de), n. 1694, m. 1778.

L. A. S. à Destouches (le célèbre auteur comique) ; Paris, 17 mai, 1 p. 1/4 in-4. Légères taches.

Curieuse épitre où il lui demande dix louis pour tirer une famille de l'abime le plus épouvantable de la misère. « On va jouer le *Glorieux* à Etiole. Je la verray et de là j'iray voir l'auteur que j'embrasse avec tendresse et que je mets au-dessus de son siècle. »

524. VOLTAIRE (François-Marie AROUET de).

L. S. *V.,* avec 5 lignes autographes, à M. Christin fils, avocat, à Saint-Claude ; Ferney, 15 oct. 1773, 1 p. 1/2 in-4.

Il lui recommande une infortunée femme qui a été dépouillée de tous ses biens « en vertu de cette abominable main-morte. »

525. PRÉVOST D'EXILES (l'abbé Antoine-François), l'auteur de *Manon Lescaut,* n. 1697, m. 1763.

L. A. S., en anglais, à Thiriot l'aîné, 2 p. in-4. Légère déchirure par la rupture du cachet.

Pourquoi ne lui a-t-il pas envoyé ce dont il lui a parlé concernant M. de Voltaire et la lettre du cardinal Alberoni ? Peut-être lui en veut-il de ne pas avoir parlé de la *Mort de Jules César* et de la mauvaise édition de cette tragédie. Il n'est aucune occasion où il ne s'empresse de se dire l'admirateur de M. de Voltaire, bien qu'il n'ait pas parlé de lui dans de bien bons termes, mais son cœur, sinon son mérite, est au-dessus de pareilles bagatelles. Il n'a pas perdu de vue Cléveland et sa chère Fanny, mais de bons amis dont il estime les conseils et la sagesse le dissuadent de publier des romans d'amour. C'est la seule raison pour laquelle la seconde partie de *Killerine* n'a point paru.

526. BUFFON (Jean-Louis Leclerc, comte de), illustre naturaliste et un de nos plus grands écrivains, n. 1707, m. 1788.

L. A. S. à M. de Ruffey (président de l'Acad. de Dijon); Paris, 9 août 1732, 3 p. pl. in-4, cachet à ses armes.

Superbe et intéressante lettre écrite par Buffon à l'âge de 25 ans. Nouvellement arrivé à Paris, il donne des nouvelles de l'Opéra, où l'on représente le ballet des *Sens*, qui est assez mauvais, et parle de la nouvelle brouille du Parlement avec la Cour. « Les princesses, ajoute-t-il, vont voir les jeunes gens nager à la porte Saint-Bernard, et la loterie ou la friponnerie de Saint-Sulpice va toujours son train. C'est à peu près là tout ce que je sais de nouvelles, excepté celles du café ; mais on en débite tant de fausses, qu'il y aurait conscience à les écrire. » Il invite son ami à venir à Paris, où l'on trouve liberté et plaisirs.

527. GRESSET (Jean-Baptiste-Louis), célèbre poëte et écrivain, auteur de *Vert-Vert*, membre de l'Acad. fr., n. à Amiens, 1709, m. 1777.

L. A. S. (à J.-B. Rousseau); Amiens, 27 mai (1737 ou 1738), 3 p. in-4.

Jolie lettre où il s'excuse de ne pas l'avoir félicité sur le rétablissement de sa santé, parle d'une pièce de vers qu'il a adressée à Rousseau, et lui demande son épître à M..Racine.

528. ROUSSEAU (Jean-Jacques), n. 1712, m. 1778.

L. A. S.; 24 avril 1762, 2 p. in-8.

Jolie lettre sur un de ses ouvrages.

529. ROUSSEAU (Jean-Jacques).

L. A. S. (à M. Duchesne); Motiers, 5 juin 1763, 2 p. 1/4 in-4.

Très-intéressante lettre sur une édition de ses *Œuvres*. Il travaille à son *Dictionnaire de musique*, qui sera terminé dans quatre ou cinq mois.

530. ROUSSEAU (Jean-Jacques).

1º L. A. S. de l'*abbé de La Porte*; 23 janv. 1763, 2 p. in-4.

Il annonce que J.-J. Rousseau consent à laisser graver son portrait pour être placé en tête de l'édition que prépare le libraire Duchesne.

2º Portrait de J.-J. Rousseau, dessin au bistre de J. Gorbitz, in-fol.

531. DIDEROT (Denis), l'illustre philosophe, n. 1713, m. 1784.

L. A. S. à l'abbé (Le Monnier), 2 p. pl. in-4.

Curieuse épître. —. Il verse des flots de lait sur sa poitrine inflammable, mais l'incendie se renouvelle à chaque quart d'heure. Boutade sur J.-J. Rousseau, qui continue à méditer et à se porter mal. Lui-même en fait autant, et il prédit à l'abbé qu'il tombera malade s'il veut méditer aussi. « Malgré cela, ajoute-t-il, faisant allusion aux théories de Rousseau sur la vie sauvage, je n'aime ni le gland, ni les tannières, ni le creux des chênes. Il me faudrait un carosse, un apartement commode, du linge fin, une fille parfumée, et je m'accommoderois volontiers de tout le reste... »

532. DIDEROT (Denis).

L. A. à un ami, 6 p. in-8.

Très-curieuse pièce où il juge avec la plus grande sévérité l'*Éloge du Dauphin* par Thomas et s'élève contre les panégyriques en général. Il a dit à Thomas lui-même : « Jamais l'art de la parole n'a été si indignement prostitué. Vous avez pris tous les grands hommes passés, présents et à venir, et vous les avez humiliés devant un enfant qui n'a rien dit ni rien faict. Votre prince valoit-il mieux que Trajan ? Eh bien, Monsieur, sachez que Pline s'est deshonoré par son éloge de Trajan... »

533. DIDEROT (Denis).

1º L. A., 3/4 de p. in-32. Joli billet. — 2º L. A., 1/2 p. in-12.

« La bienfaisance est toujours récompensée. Je vous salue, je vous embrasse et vous souhaite du repos et de la santé. Du repos, sans lequel on ne jouit guères de la santé ; de la santé sans laquelle on ne jouit point du repos ; un bon lit et une bonne conscience. »

534. **ALEMBERT** (Jean Lerond d'), illustre savant et écrivain, de l'Acad. fr., n. 1717, m. 1783.

L. A. S. au président Hénault; Paris, 12 juillet 1751, 2 p. in-4. Déchirures et raccommodages.

Intéressante lettre où il le remercie des éloges qu'il a prodigués au *Discours préliminaire de l'Encyclopédie.* Il lui exprime toute sa reconnaissance. « Diderot pense là dessus comme moy, et nous n'oublierons jamais ni l'un ni l'autre ce que nous vous devons... »

535. **SAINT-LAMBERT** (Jean-François de), poëte, auteur des *Saisons*, membre de l'Acad. fr., n. 1717, m. 1803.

1º Reçu de 2 lignés aut. sig.; 1787, in-8 oblong. — 2º L. A. à Mᵐᵉ Necker, 1 p. in-4.

Charmante lettre d'invitation à venir le voir à Eaubonne.

536. **SEDAINE** (Michel-Jean), célèbre auteur dramatique, de l'Acad. fr., n. 1719, m. 1797.

L. A. S.; Paris, 25 août 1783, 1 p. in-fol. Curieuse.

537. **CAZOTTE** (Jacques), l'auteur du *Diable amoureux*, n. 1720, décapité le 23 septembre 1792.

L. A. S. à un ami; (juin 1792), 3 p. 1/2 in-4.

Document des plus curieux qui, d'abord non signé, fut saisi et représenté à Cazotte qui le reconnut en ajoutant ces mots : *J'approuve, Cazotte.* C'est une appréciation mystique des événements politiques et une glorification de Louis XVI, écrites après la journée du 20 juin. Il faut, dit-il, voir toute cette affaire en Dieu. « Depuis plus de 200 ans Satan avoit résolu, par la ruine entière de la maison de Bourbon, celle de la religion, de la France, de toute l'Europe. Il n'y a pas de machines qu'il n'ait mises en œuvre pour cela. Il avoit trouvé le moïen de s'emparer de la volonté des 3 quarts des hommes de cette malheureuse monarchie, et la possession qu'il avoit prise d'eux est encore visible dans les regards de tous ces malheureux. Entre autres il avoit attiré en Angleterre le duc d'Orléans pour lui faire trouver là des moïens d'en venir au but auquel il lui avoit suggéré de prétendre... » Il croit fermement que le Roi est entouré d'une garde céleste et que tous les impies, qui approcheront de lui, seront forcés de baisser la tête. La lutte est décisive; ou Satan continuera de régner sur la terre, ou le règne de Jésus-Christ s'y établira. « La belle étoile que celle de Louis XVI, s'il persévère, si nous n'avons pas le malheur de l'abandonner. Il effacera la gloire de Salomon, flétrie par ses prévarications. Il sera le modèle et le flambeau de l'Europe. Je verrai le commencement de cela et chanterai en m'en allant le *Nunc dimittis...* » Cazotte termine sa lettre par ces mots suivis d'une croix : « Je consigne ma lettre aux gardiens incorruptibles des correspondances des chrétiens entre eux, pour que le secret n'en soit pas violé. »

538. **HOLBACH** (Paul Tʜʏʀʏ, baron d'), fameux philosophe, auteur du *Système de la nature*, n. 1723, m. 1789.

P. A. S.; Paris, 9 janvier 1777, 1/2 p. in-4.

Il déclare avoir cédé à MM. de Bure la propriété du manuscrit de la traduction des œuvres de Sénèque le philosophe.

539. **BEAUMARCHAIS** (Pierre-Augustin Cᴀʀᴏɴ de), l'auteur du *Mariage de Figaro*, n. 1732, m. 1799.

1º L. A. S.; 9 prairial an V, 1 p. 1/2 in-8.

Il refuse d'éditer un ouvrage de Mirabeau. « La malveillance trop continue qui s'est attachée à mes pas me fait fuir avec soin tout ce qui peut fournir prétexte à me taxer de vanité. J'ai la fierté de supporter l'injure; mais je ne veux rien faire qui éveille l'injuriant... »

2º P. S. par *Panis* et *Lenfant;* 24 août 1792, 1/2 p. in-fol., tête impr. et cachet.

Ordre de remettre Bᴇᴀᴜᴍᴀʀᴄʜᴀɪs entre les mains d'un gendarme qui le mènera assister à la levée des scellés apposés chez lui.

3º P. S. par *Bourdon;* 17 messidor an II, 3/4 de p. in-4, tête impr.

Ordre d'arrestation de la femme et de la fille de Beaumarchais.

540. **MERCIER** (Louis-Sébastien), historien, membre de l'Institut, n. 1740, m. 1814.

L. A. S. aux maire et habitants de Cambrai, 3 p. 1/2 in-fol.

Avoir trouvé le crâne ou la ci-devant calotte noire ou rouge de Fénelon, c'est absolument la même chose. Ce n'est ni ce crane, ni cette calotte, qui a enfanté les beaux ouvrages de l'archi-pontife. Qu'on laisse la dépouille des morts où elle se trouve et qu'on ne touche pas à leurs cendres. Tout le bruit des cloches et des processions sont de vaines démonstrations, Fénelon n'est point là. Tout ce qui pense vient de Dieu ; Fénelon n'est plus sur cette terre : il est dans le monde des esprits. Son nom appartient à l'univers et non à leur ville.

541. **CHODERLOS DE LACLOS** (Pierre-Ambroise-François), l'auteur des *Liaisons dangereuses*, n. 1741, m. 1803.

L. A. S. à Beurnonville; Paris, 13 mars 1793, 2 p. pl. in-fol.

Très-belle lettre dans laquelle il donne l'état de ses services.

542. **CONDORCET** (Jean-Antoine-Nicolas de Caritat, marquis de), illustre philosophe et conventionnel, n. 1743, m. 1794.

L. A. S. (à de La Métherie); Paris, (1790), 3 p. 1/2 in-4.

Très-curieuse épître dans laquelle il fait sa profession de foi sur la Révolution. — Il ne se soucie pas des titres de noblesse, mais il n'approuve pas les motions que l'on fait pour les détruire : chacun doit être libre d'ajouter à son nom le *sobriquet* qu'il lui plait, dans la vie et les actes privés. A son avis, il faudrait que l'on établît pour les noms un système régulier comme il y en avait un à Rome ; « mais, ajoute-t-il, point de nom de baptême, parce que la théologie ne vaut pas mieux que la féodalité. » Il repousse le système des deux chambres, dont on l'accuse d'être le défenseur, quand il a prouvé mathématiquement son absurdité. Quant au *veto*, il ne le voudrait que pour les questions de la paix et de la guerre. Oui, il regarde Lafayette comme l'appui de notre liberté, parce que, longtemps avant la Révolution, il était le confident des projets du général, et que, pendant qu'ils discutaient ensemble les meilleurs moyens d'établir la liberté, d'autres passaient leur vie à solliciter des places. Il ne peut estimer des amis de la liberté qui défendent la conservation de la traite des noirs. « Je me défie plus, dit-il, de ceux qui se plaisent dans le trouble, qui applaudissent aux violences, qui cherchent à multiplier le nombre des mécontents... Les hommes qui ont des lumières et des talents n'ont pas besoin de tous ces moyens pour être quelque chose... Voilà ma profession de foi. Est-ce là ce que vous appelez être un vrai Jacobin ? »

543. **MAURY** (le cardinal Jean-Siffrein), célèbre orateur et constituant, archevêque de Paris (1810), membre de l'Acad. fr., n. 1746, m. 1817.

L. A., à la 3e personne, à l'abbé Guillon; 19 juill. 1791, 3/4 de p. in-4, cachet. Très-jolie lettre.

544. **GENLIS** (Félicité Ducrest, comtesse de), célèbre romancière, n. 1746, m. 1830.

L. A. à son frère; 8 novembre 1819, 1 p. 1/4 in-4.

Relative au succès de son livre sur Pétrarque.

545. **GILBERT** (Nicolas-Joseph-Laurent), célèbre poëte lyrique et satirique, n. 1756, m. 1780.

L. A. S. à Baculard d'Arnaud, 1 p. in-4, cachet.

Curieuse épître. « La fameuse prophétie du poëte malheureux s'accomplit, si vous ne m'arrachez du tombeau. La plus terrible des maladies m'y traîne lentement depuis plus de six mois; son terme approche, je le sens... Je finis, car les larmes, les sanglots me suffoquent. »

546. **FONTANES** (Louis-Marcellin de), poëte, grand-maître de l'Université sous Napoléon Ier, membre de l'Académie française, n. 1757, m. 1821.

L. A. S. (à une sœur de Napoléon); 20 déc. 1813, 3 p. in-fol.

Lettre flatteuse où il l'assure que l'esprit du peuple de Paris est excellent et que la nation entière sent que le salut est autour du trône. Il fait l'éloge de la fermeté que l'Empereur montre en ces graves circonstances et il s'élève contre quelques hommes, comblés de bienfaits et d'honneurs, qui répandent les bruits les plus alarmants.

547. **MAISTRE** (Xavier de), auteur du *Voyage autour de ma chambre*, n. 1763, m. 1852.

L. A. S. à Gonsollino; Pise, 22 avril 1828, 2 p. 1/2 in-8.

Fine critique des poésies d'un disciple de Lamartine.

548. **CONSTANT** (Benjamin), célèbre publiciste, n. 1767, m. 1830.

1º L. A. S. à Jean de Bry; 16 fructidor an V, 1 p. in-8.
Jolie lettre où il l'invite à venir dîner chez Mme de Staël.

2º L. A. S.; Paris, 15 nov. 1825, 2 p. in-4.
Lettre d'envoi de ses ouvrages.

549. MONTEIL (Amans-Alexis), célèbre historien, n. 1769, m. 1850.

L. A. S. à l'Académie des Inscriptions; Passy, 1er fév. 1839, 20 p. 1/2 in-8.
Très-longue et curieuse lettre où il présente pour le prix Gobert son Histoire des Français des divers états. Il explique ce qu'il a voulu faire dans cet ouvrage.

550. COURIER (Paul-Louis), n. 1772, assassiné le 10 avril 1825.

L. A. S. à M. Baudry; La Chavonnière, près Tours, 14 juin 1819, 1 p. in-4.

551. COURIER (Paul-Louis).

1º *Placet aux Ministres*, p. a. s.; Paris, 20 mars 1819, 5 p. in-4.
Il demande justice contre ceux qui le pillent.

2º *Pierre Clavier, dit Blondeau, à Messieurs les juges de police correctionnelle à Blois*, pièce autographe, avec ratures et corrections, 14 p. in-4.
Spirituel mémoire pour réclamer contre un jugement condamnant Blondeau, garde particulier des bois de Courier, pour prétendues injures au maire de Veretz. — Le mémoire est approuvé et signé presque à toutes les pages par Blondeau.
Les deux pièces ci-dessus sont brochées en un même cahier.

552. DÉSAUGIERS (Marc-Antoine-Madeleine), le chansonnier, n. 1772, m. 1827.

1º *Tout le monde sait çà*, chanson aut. sig., 4 p. in-8. — 2º *Plus de politique*, chanson aut. sig., 3 p. in-4.

553. NODIER (Charles), célèbre conteur et écrivain, de l'Acad. fr., n. 1780, m. 1844.

L. A. S. au libraire Maradan; Besançon, 18 germinal (an XI), 3 p. in-4.
Curieuse lettre relative à la publication de ses premiers romans : les Proscrits et le Peintre de Salzbourg.

554. BÉRANGER (Pierre-Jean de), le chansonnier, n. 1780, m. 1827.

1º *Les clefs du Paradis, chanson qui n'a pas le sens commun, adressée à ceux qui en ont*, chanson aut. sig. B., 4 p. in-4. — 2º L. A. S. à M. Bernard, 1 p. in-8. Jolie pièce.

555. LA MENNAIS (Hugues-Félicité ROBERT de), le grand écrivain, n. 1782, m. 1854.

L. A. S. à M. Leclère; mardi, 1/2 p. in-4.

556. CORMENIN (Louis-Marie de LA HAYE, vicomte de), publiciste et pamphlétaire, n. 1788, m. 1868.

1º 3 L. A. S., 5 p. in-8. — 2º L. A. S.; Paris, 14 juillet 1854, 1 p. in-4.
Curieuse lettre où il proteste contre un maire qui a introduit de force dans une église le corps d'un individu mort après avoir refusé les sacrements de l'Église.

557. LAMARTINE (Alphonse de), le grand poëte, n. 1790, m. 1869.

1º L. S., écrite par sa femme, à Charles Nodier; Saint-Point, 30 sept. (1823), 3 p. in-4, cachet. Très-belle lettre. — 2º L. A. S. à Altaroche; Paris, 2 oct. 1850, 1 p. in-8.
Recommandation en faveur de M. de la Guéronnière.

558. LAMARTINE (Alphonse de).

L. A. S. à Charles Nodier ; Saint-Point, 2 avril 1829, 2 p. 1/2 in-4, cachet armorié.

Belle et noble lettre. Il assure qu'il n'a jamais voulu nuire à Elisa Mercœur et il refuse de collaborer à la *Revue de Paris*, vu que l'opinion littéraire et poétique des journaux de Paris lui est défavorable. Puis, ayant appris les embarras d'argent de Nodier, il lui offre généreusement l'hospitalité dans un château aux environs de Paris, et ce pour autant d'années qu'il voudra, « ne demandant pour loyer que le droit d'aller y passer de tems en tems un mois avec vous. »

559. BARTHÉLEMY (Auguste-Marseille), poëte satirique, auteur de *Némésis*, n. 1796, m. 1867.

L. A. S. à Mᵐᵉ Louise Pelet ; 12 fév. 1832, 1 p. in-4.

Il renie la paternité des vers sur le sacre de Charles X, qu'on lui attribue.

560. MICHELET (Jules), le grand écrivain, n. 1798, m. 1875.

L. A. S.; 25 janv. 1851, 4 p. in-8.

Il recommande un tableau rappelant le dévouement de son ami Auguste de Gerando, mort en combattant pour l'indépendance de la Hongrie.

561. BALZAC (Honoré de), le grand romancier, n. 1799, m. 1850.

L. A. S. à M. Picard ; 2 janvier, 1 p. 1/2 in-12.

562. CARREL (Armand), célèbre publiciste, n. 1800, tué en duel le 24 juillet 1836.

L. A. S.; Vannes, 15 août 1830, 12 p. in-4.

Curieux document historique. Rapport sur la situation politique du département du Morbihan.

563. HUGO (Victor), le grand poëte, n. 1802.

1º L. A. S. *Victor* à Charles Nodier ; Blois, 26 avril 1825, 1 p. 3/4 in-4, cachet armorié.

Très-curieuse lettre. « Le Roi vient de me donner la croix et daigne m'inviter à assister à son sacre. Ce qui me désole en cela, c'est de quitter ma femme ; ce qui me console, c'est de vous rejoindre... Lamartine et moi avons la croix ensemble. On a fait pour nous deux seuls une ordonnance spéciale. »

2º L. A. S. à M. Saint-Hilaire ; (8 fév. 1830), 1 p. in-8.

564. MÉRIMÉE (Prosper), l'auteur de *Colomba*, n. 1803, m. 1870.

4 L. A. S. (au maréchal Vaillant) ; janv. et fév. 1856, 5 p. in-4.

Relatives à un jeune officier, grièvement blessé en Crimée. — On a joint une lettre autographe signée du maréchal *Pélissier*, du 9 février 1856, sur le même sujet.

565. SAND (George), la grande romancière, n. 1804, m. 1876.

L. A. S. (à Roger de Beauvoir) ; samedi, 1 p. 1/2 in-4.

Piquante épître où elle déclare que, quand même Roger de Beauvoir aurait dit du mal d'elle, elle ne s'en fâcherait pas. « Je ne fais de reproche qu'aux gens qui, se disant mes amis, agissent en ennemis envers moi. »

566. SAND (George).

1º L. A. S. à M. Lasnier ; (1841), 3/4 de p. in-4. — 2º L. A. S.; déc. 1849, 3/4 de p. in-8. — 3º L. A. S.; Nohant, 12 juill. 1852, 1 p. 1/4 in-18. — 4º L. A. S.; Nohant, 3 oct. 1854, 1 p. 1/2 in-8. — 5º L. A. S. à M. Pernet, 1/2 p. in-8.

567. SAND (George).

1º L. A. S.; Paris, 31 mars 1852, 2 p. in-8. — 2º L. A. S.; Paris, 3 janv. 1858, 2 p. 1/2 in-8.

Ces deux lettres, quoique écrites à deux époques différentes, sont toutes relatives à des détenus politiques dont elle demande la grâce.

568. SAND (George).

L. A. S.; Nohant, 9 nov. 1854, 1 p. 1/2 in-8.

Relative à l'impression d'un de ses ouvrages.

569. SAND (George).

Les visions de la nuit dans les campagnes, manuscrit aut. sig., avec ratures et corrections, 23 p. 1/4 in-8.

570. SAND (George).

Son portrait-charge, dessiné par elle à la plume et signé, in-8.

571. KARR (Alphonse), l'auteur des *Guêpes,* n. 1808.

Lettres écrites de mon jardin, article aut. sig., 21 p. in-4 oblong.

572. PROUDHON (Pierre-Joseph), le célèbre écrivain socialiste, n. 1806, m. 1865.

L. A. S. à M. Oddoul; Paris, 6 mai 1857, 2 p. pl. in-8. Un peu fripée.

Lettre des plus curieuses où il donne son opinion sur Héloïse et Abailard. « Abailard n'est, à mes yeux, qu'un pédant lascif, d'une grande mollesse d'âme, d'un égoïsme avéré et qui regrette, plus que ne permet la dignité philosophique, les plaisirs amoureux qu'il a perdus. Héloïse est le patron de nos bas bleus... On ne peut méconnaître en Héloïse une générosité chevaleresque que n'a point Abailard. Mais elle gâte tout par son dédain inconvenant du mariage et ses idées romanesques qui jurent avec le bon sens qu'elle montre dans tout le reste. » Puis Proudhon présente des considérations sur le régime politique actuel, qu'il n'aime point. « Ma cause est celle de la Révolution. »

573. GAUTIER (Théophile), un des meilleurs écrivains de ce siècle, n. 1811, m. 1873.

L. A. S. à Jullien de Paris; (18 mai 1842), 1 p. pl. in-8.

Relative à l'article qu'il a fait, dans la *Revue de Paris,* sur le peintre de La Berge.

ÉTRANGER

574. MACHIAVEGLI (Niccolò), en français *Machiavel,* illustre écrivain politique et historien italien, n. 1469, m. 1527.

L. A. S. à Francesco del Nero, 1/2 p. in-4 oblong. Un peu jaunie.

575. GUICCIARDINI (Francesco), en français *Guichardin,* illustre historien italien, n. 1482, m. 1540.

L. S., avec la souscription autographe; Parme, 12 déc. 1526, 1/4 de p. in-fol., cachet. La moitié de la feuille de l'adresse est enlevée.

576. TASSO (Torquato), l'illustre auteur de la *Gerusalemme liberata,* n. 1544, m. 1595.

Fragment autographe, en vers, 1 p. in-4 oblong. Jauni.

Pièce contenant huit vers.

577. HAMILTON (Antoine, comte d'), le spirituel auteur des *Mémoires* de son beau-frère le comte de Gramont, n. 1640, m. 1720.

L. A. S., en français, 2 p. in-4.
Recommandation en faveur du sieur Olivier, déjà recommandé par son frère Richard Hamilton.

578. **BENTHAM** (Jeremy), célèbre écrivain et naturaliste anglais, n. 1747, m. 1832.

L. A. S. à l'abbé Morellet ; 25 fév. 1789, 5 p. in-4.
Superbe lettre philosophique et politique.

579. **GOETHE** (Johann-Wolfgang), l'immortel auteur de *Faust*, n. 1749, m. 1832.

L. A. S.; 2 fév. 1818, 4 p. in-4. Superbe pièce.

580. **KOTZEBUE** (Friedrich-August-Ferdinand von), célèbre auteur dramatique et publiciste allemand, n. 1751, assassiné en 1819.

P. A. S.; 12 juillet 1813, 2 p. 3/4 in-4, cachet.

581. **SCHILLER** (Friedrich von), illustre auteur dramatique allemand, n. 1759, m. 1805.

1° L. A. S. à Kœrner (le père du poëte), à Dresde ; Weimar, 6 mars 1788, 2 p. in-4, cachet.
Superbe lettre pleine de détails intimes. Il est satisfait de sa nouvelle position. Appréciation de ses travaux. La simplicité est le résultat de la conception et il sent qu'il en approche de plus en plus.

2° L. A. S. de *Kœrner* à Schiller ; Dresde, 16 mai 1788, 2 p. in-4. Légère déchirure enlevant quelques lettres.
Réponse à la précédente lettre.

582. CICOGNARA (Leopoldo), le célèbre antiquaire italien, n. 1767, m. 1834.

> 1° L. A. S. à la comtesse de Compignano ; Venise, 2 fév. 1818, 1 p. in-4, cachet. — 2° L. A. S., en français, à Horace Vernet ; Venise, 8 nov. 1832, 2 p. 1/2 in-4, cachet.
>
> Il lui demande un dessin pour son album.

583. SCOTT (Walter), l'illustre romancier anglais, n. 1771, m. 1832.

> L. A. S. à M. Adolphus ; Abbotsford, 28 juillet (1823), 3/4 de p. in-4, cachet.

584. FOSCOLO (Ugo), l'auteur des *Ultime lettere di Jacopo Ortis*, n. 1778, m. 1827.

> L. A. S.; Milan, le jour de la Saint-Charles 1810, 3/4 de p. in-4. Belle lettre.

585. BYRON (George-Noël Gordon, lord), le plus grand poëte moderne de l'Angleterre, n. 1788, m. 1824.

> L. A. à Hoppner, à Venise ; Ravenne, 25 mai 1821, 3 p. 1/2 in-4, cachet brisé.
>
> Précieuse lettre où il parle de sa tragédie des *Deux Foscari*. Byron parle longuement des haines soulevées contre lui. Il rappelle qu'il a fait transporter dans sa maison le commandant qui fut assassiné comme carbonaro. Des misérables l'ont dénoncé comme le chef des libéraux. Malgré tout il a fait quatre actes d'une nouvelle tragédie.

586. COOPER (James-Fenimore), le célèbre romancier américain, n. 1789, m. 1851.

> L. A. S. à M. Goold ; Cooperstown, 7 août 1815, 3/4 de p. in-fol.

ARTISTES

PEINTRES

FRANCE

587. **PERREAL** (Jean), dit *Jean de Paris*, un des premiers peintres de l'école française, qui eut une grande part à la construction de l'église de Brou, n. à Lyon, m. vers 1528.

> L. A. S. à M⁰ Louis Barangier ; Lyon, 8 oct. (1511), 3 p. pl. in-fol., cachet. Précieuse pièce, malheureusement tachée d'humidité dans un angle et près de la signature.

> Document des plus importants pour la construction de l'église de Brou. Il est allé avec Jean Lemaire prendre ses mesures. Détails très-curieux à cet égard. Exposition de ses projets. Il se disculpe des accusations dont il est l'objet, se plaint de M⁰ Thibault, et demande à rester seul chargé de l'entreprise.

588. **POUSSIN** (Nicolas), n. 1594, m. 1665.

> L. A. S. au chevalier del Pozzo ; Paris, 20 déc. 1641, 1/2 p. in-fol.
> Belle lettre de félicitations à l'occasion des fêtes de Noël.

589. **STELLA** (Jacques), premier peintre de Louis XIII, n. à Lyon, 1596, m. 1657.

L. A. S. à M. Charles ; Rome, 19 fév. 1633, 1 p. in-fol. Tachée d'eau et doublée dans la marge.

Pièce précieuse qui porte dans la marge restée intacte un dessin comique à la plume. Devant quitter Rome, il fait proposer à un ami d'exécuter un travail qui lui est confié. — On a joint à cette pièce le dessin original du frontispice de son Recueil de *Divers ornements d'architecture.*

590. GELLÉE (Claude), dit *Claude le Lorrain*, le plus grand paysagiste de l'école française, n. 1600, m. 1682.

Ces mots autographes : *Claudio Gillée apartient, 1641, Roma,* sur une eau-forte de 1615 représentant l'Éternel au milieu des nuées, in-4 oblong.

Précieuse pièce qui porte au revers un ex-dono aut. sig. du célèbre peintre Narcisse Diaz à son ami Sensier.

591. MIGNARD (Pierre), premier peintre de Louis XIV, n. à Troyes, 1610, m. 1695.

L. A. S. à M. Marion, 3/4 de p. in-4.

Très-curieuse lettre où il demande le prêt de quelques vieilles jupes à fond d'or.

592. LE BRUN (Charles), premier peintre de Louis XIV, n. 1619, m. 1690.

L. S. aux membres de l'Académie de peinture ; 22 décembre 1676, 2 p. in-4.

Superbe lettre de remerciements de l'honneur que vient de lui accorder l'Académie de peinture.

593. LARGILLIÈRE (Nicolas de), surnommé *le Van Dyck français*, n. 1656, m. 1746.

P. S., sur vélin ; Paris, 4 déc. 1704, 1 p. in-8 oblong.

594. RIGAUD (Hyacinthe), n. 1659, m. 1743.

L. A. S., 1 p. in-4. Autographe très-rare.

Envoi d'une lettre pour le comte d'Évreux.

595. NATTIER (Jean-Marc), peintre de portraits, n. 1685, m. 1756.

L. A. S.; Paris, 23 octobre 1753, 2 p. in-4.
Relative à un de ses tableaux.

596. NATOIRE (Charles), maître de Vien, n. 1700, m. 1777.

L. A. S. au directeur des Beaux-Arts ; Rome, 22 déc. 1756, 2 p. in-fol.

Toute relative au peintre Greuze. « C'est, dit-il, un garçon qui travaille difficilement et, avec beaucoup ae talent qu'il a, il est facile à se former mille impressions qui l'empêchent d'être tranquille. »

597. VAN-LOO (Charles-André, dit Carle), n. 1705, m. 1765.

L. A. S. à Mgr...; Paris, 13 nov. 1739, 3 p. in-4. Rognée en tête.

Il demande la place de pensionnaire à l'Académie royale de Rome, en faveur de son neveu Charlot Van-Loo qui a remporté le premier prix l'année précédente.

598. VERNET (Joseph), peintre de marines, n. 1712, m. 1789.

L. A. S., avec un post-scriptum de son fils *Carle*, à Mme Chalgrin (sa fille) ; Paris, 7 sept. 1786, 3 p. in-4.

Très-belle lettre pleine de détails intimes et qui est une véritable curiosité autographique, vu qu'elle porte à la troisième page un envoi de six lignes autographes signées d'Horace Vernet à Mme de Dolomieu.

599. DOYEN (Gabriel-François), n. 1726, m. 1806.

L. A. S. à MM...; galeries du Louvre, 30 mai 1791, 2 p. in-4.

600. RESTOUT (Jean-Bernard), président de la Commission des arts sous la Révolution, n. 1732, m. 1796.

P. A. S.; Paris, 18 avril 1788, 1 p. in-4.

601. ROBERT (Hubert), qui donna le dessin du Petit-Trianon, n. 1733, m. 1808.

L. A. S. au comte (d'Angiviller); 6 nov. 1785, 4 p. in-4.

Intéressante lettre artistique. Il ne sera payé de ses deux tableaux envoyés en Russie qu'à la fin de l'année prochaine : aussi est-il dans l'embarras.

602. DENON (Dominique Vivant), n. 1747, m. 1825.

L. A. S.; dimanche, 2 p. 1/4 in-8.

Jolie lettre ornée d'un *croquis à la plume*.

603. **LEBRUN** (Louise-Elisabeth VIGÉE), n. 1755, m. 1842.

L. A. S. au comte (d'Angiviller); (10 août 1788), 1 p. 1/2 in-4.

N'ayant encore reçu qu'un à-compte de 6,000 fr. sur son portrait de la Reine, elle demande le reste du payement. Les circonstances peu favorables au commerce de son mari et les dépenses de leur nouvelle maison la forcent à faire cette démarche.

604. **PRUD'HON** (Pierre-Paul), n. 1758, m. 1823.

L. A. S. (à M. Fauconnier); Dijon, 27 nov. 1783, 3 p. 1/2 in-4.

Superbe lettre où il raconte les incidents de son voyage, son arrivée à Dijon, sa visite au professeur de l'Académie, etc. Il a été chargé d'exécuter un plafond pour les élus de la Province. « Eloigné des personnes qu'une douce amitié rendoit chères à mon cœur, mon existence ne me semble plus qu'un rêve peinible dont je voudrois m'efforcer de sortir, si l'illusion pouvoit pour un moment tenir la place de la réalité... »

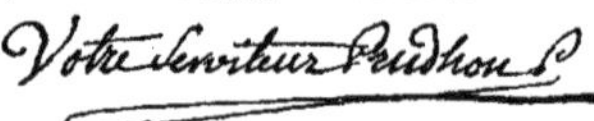

605. **VERNET** (Carle), peintre de chevaux, n. 1758, m. 1835.

L. A. S. au marquis (de Dolomieu), 1 p. in-4.

Envoi de la lettre de Joseph Vernet cataloguée plus haut.

606. **GUÉRIN** (le baron Pierre), n. 1774, m. 1833.

1° 4 L. A. S. au peintre Bourdon; Rome, 24 janv. 1826, 16 fév. 1828, 6 avril et 18 mai 1833, 8 p. in-4 et 4 p. in-8.

Lettres fort intéressantes sur ses tableaux, la gravure de sa *Didon*, ses occupations à Rome, ses affaires particulières, etc.

2° L. S. de *Denon* au baron Guérin; Paris, 7 mars 1810, 1 p. 1/2 in-4, vig. et tête impr.

Il lui commande un tableau représentant Napoléon embrassant le maréchal Lannes mortellement blessé.

3° 2 lettres adressées au baron Guérin, l'une par un de ses élèves, l'autre par des dames qui lui demandent un tableau pour l'église qu'on bâtit sur le Calvaire du Mont-Valérien, 6 p. in-4.

607. **GRANET** (François-Marius), peintre de genre, n. 1775, m. 1849.

L. A. S. à M. Ternaux-Compans; Rome, 13 fév. 1819, 3 p. in-8.

Il le remercie de son hospitalité, mais il ne peut en profiter, vu que le comte de Forbin est, depuis l'âge le plus tendre, son Mécène et son ami.

608. **MAYER** (Constance), élève et amie de Prud'hon, n. 1775, m. par suicide, 1821.

L. A. S. à Mᵐᵉ Tastu; jeudi matin, 1 p. in-4. Jolie lettre.

609. **INGRES** (Jean-Dominique-Auguste), n. 1781, m. 1867.

L. A. S. à l'architecte Alavoine; Rome, 30 mai 1807, 1 p. pl. in-4.

Lettre des plus curieuses où il annonce son arrivée à Rome. Le voilà rendu à lui-même et préoccupé de son art plus que jamais. « Ma principale étude est de savoir ce que c'est que le vrai et le beau et me faire dans l'art une bonne conscience. » Il annonce qu'il vient de faire le portrait de l'ami Granet.

610. **VERNET** (Horace), peintre de batailles, n. 1789, m. 1863.

1° L. A. S. à son père; Paris, 5 oct. 1812, 1/2 p. in-8. — 2° L. A. S. au même Pise, 22 mai 1834, 1 p. in-8. — 3° L. A. S. de ses initiales au même, 1 p. in-8.

611. VERNET (Horace).

>   2 L. A. S. (au maréchal Vaillant) ; 1855 et 1856, 3 p. in-8.

612. GÉRICAULT (Jean-Louis-André-Théodore), auteur du *Radeau de la Méduse*, n. 1790, m. 1824.

>   L. A. S. à Horace Vernet ; Londres, 6 mai, 3 p. pl. in-4.

>   Précieuse lettre où il fait l'éloge de l'école anglaise. A l'exposition qu'il visite on voit des toiles admirables, des animaux de Ward et de Landseer, âgé de 18 ans. Il décrit ensuite un tableau de Wilkie, représentant les invalides de Greenwich lisant le bulletin de la bataille de Waterloo. « Je ne crains pas que vous me taxiez d'anglomanie; vous savez, comme moi, ce que nous avons de bon et ce qui nous manque. »

613. GÉRICAULT (Jean-Louis-André-Théodore).

>   L. A. S. à M. Musigny (amateur d'art et peintre), 1 p. pl. in-8. Légères taches.

614. CHARLET (Nicolas-Toussaint), célèbre par ses scènes militaires de la Révolution et de l'Empire, n. 1792, m. 1847.

>   1º L. A. S. à Mme Champy, 1 p. pl. in-8. Jolie lettre. — 2º Lettre de M. de la Combe sur Charlet.

615. DELAROCHE (Paul), n. 1797, m. 1856.

>   1º L. A. S. *Paul D.*, à Anaïs Aubert (la célèbre actrice), 1 p. pl. in-8. — 2º L. A. S. *Paul*, à la même, 1 p. in-8. Portrait.

>   Lettres fort tendres à sa *petite mignonne* et où il parle du portrait qu'il fait de son amie.

616. LEPRINCE (A.-Xavier), peintre de genre, n. 1799, m. 1826.

>   L. A. S. au comte de Forbin ; 1er octobre 1824, 1 p. in-4.

>   Il accepte 3,000 francs pour son tableau du *Port d'Honfleur*. (Ce tableau est actuellement au musée du Louvre.)

617. DELACROIX (Eugène), un des plus grands artistes de ce siècle, n. 1798, m. 1864.

>   1º L. A. S. à Zimmermann ; mardi matin (1834), 1 p. in-8.

>   Demande de deux billets pour la messe en musique qui aura lieu pour Choron aux Invalides.

>   2º L. A. S.; 3 septembre, 1 p. 3/4 in-4.

>   Il demande l'adresse d'un jeune homme qui doit faire une copie de son tableau du *Dante*.

618. DELACROIX (Eugène).

L. A. S. *Eug. D.*, à son ami Pierret ; (Saint-Leu-Taverny, 2 avril 1843), 3 p. pl. in-8.

Curieuse épître où il se félicite de son séjour à Saint-Leu-Taverny mais se plaint de ne pouvoir travailler. « Il n'y a que le cigare, quand il est bon, qui me fasse un peu oublier le tort que j'ai de me laisser aller à la paresse, car c'est tout uniment paresse... »

619. DELACROIX (Eugène).

L. A. S. au grand peintre Jules Dupré ; ce dimanche, 2 p. 1/4 in-8.

Très-intéressante lettre sur un projet d'exposition qu'il le prie de communiquer à Théodore Rousseau.

620. DELACROIX (Eugène).

L. A. S. à Lepoitevin ; ce mercredi, 3 p. 1/4 in-8.

Intéressante lettre sur un projet d'exposition. Il expose son idée sur la formation du jury.

621. DELACROIX (Eugène).

L. A. S. au compositeur Clapisson ; 7 janv. 1857, 1 p. 1/2 in-8, enveloppe et cachet.

Curieuse lettre sur sa candidature à l'Institut.

622. DELACROIX (Eugène).

L. A. S. ; Paris, 26 janvier 1862, 2 p. pl. in-8.

Curieuse lettre où il parle de sa notice sur Charlet. « Artiste moi-même, c'est l'artiste surtout dont j'ai voulu parler, et la matière était si abondante que tous ceux qui ont apprécié Charlet ne verront que trop combien, même à mon point de vue particulier, ma notice est restée insuffisante. »

623. DELACROIX (Eugène).

L. A. S. ; 6 décembre, 1 p. in-8.

Relative à la gravure de son *Berlichingen*.

624. DELACROIX (Eugène).

4 L. A. S., 5 p. 1/2 in-8. Jolies lettres.

625. GAVARNI (Sulpice-Paul Chevalier, dit), dessinateur et caricaturiste, n. 1801, m. 1866.

1° 2 L. A. S., 1 p. in-8. — 2° L. A. S. à Mélanie Waldor, 1 p. 3/4 in-8. Curieuse.

626. GRANDVILLE (Jean-Ignace-Isidore Gérard, dit), dessinateur, n. 1803, m. 1847.

L. A. S. à Daumier ; 27 février, 1 p. in-8. Fripée.

627. RAFFET (Denis-Auguste-Marie), peintre, dessinateur et lithographe, n. 1804, m. 1860.

15 L. A. S. à Gihaut ; 1835-1859, 16 p. in-8 ou in-4.

Correspondance artistique très-intéressante pour la biographie de Raffet.

628. DIAZ DE LA PENA (Narcisse), n. 1809, m. 1876.

    1º L. A. S. à Théodore Rousseau, 1 p. in-8. — 2º Trois dessins à la plume.

629. JEANRON (Philippe-Auguste), directeur des musées nationaux en 1848, n. 1809, m. 1877.

    L. A. S. à Théodore Rousseau ; (Paris, 18 juillet 1845), 2 p. 1/2 in-8.
    Curieuse lettre, pleine de détails intimes.

630. MEISSONIER (Jean-Louis-Ernest), n. 1811.

    L. A. S. à Séchan, 1/2 p. in-8. Jolie pièce.

631. ROUSSEAU (Théodore), un de nos plus éminents paysagistes, n. 1812, m. 1867.

    1º Minute de lettre aut. sig., 1 p. 1/2 in-4.
    Toute relative à un de ses tableaux.

    2º Minute de lettre autographe, 2 p. 1/2 in-8.
    C'est la première minute de la précédente pièce : elle est écrite au fusain et renferme un croquis assez informe.

632. ROUSSEAU (Théodore).

    L. A. S. à son ami A. Sensier, 2 p. in-8.
    Intéressante lettre. « Mon exposition durera bien six semaines encore. Burty n'a pas encore fait le catalogue. Le tems manque à chacun. » Curieux passage sur Millet, qu'il engage à venir voir son exposition.

633. ROUSSEAU (Théodore).

    L. A. S. à son ami A. Sensier ; Barbison, 17 janvier (1864), 2 p. in-8.
    Jolie lettre qui commence ainsi : « Vous tenez le bureau de la providence à Chailly et à Barbison, et n'ayez

crainte de chômer, car, à défaut des occasions suscitées par votre présence, vos amis se voient obligés d'ouvrir des succursales pour les demandeurs. » Il lui recommande leur ancien boulanger de Chailly.

634. DUPRÉ (Jules), grand paysagiste, n. 1812.

L. A. S. à Théodore Rousseau ; samedi 17, 1 p. 1/2 in-8.

Il l'engage à revenir vite à Paris pour exécuter une aquarelle que demande M. Asséline.

635. DUPRÉ (Jules).

L. A. S. à son ami A. Sensier ; (Pierrefonds), 7 octobre (1865), 4 p. in-8, enveloppe.

Intéressante lettre sur un tableau qu'il va terminer. « La grande affaire, c'est de finir, et, malgré ma vieille expérience, c'est toujours pour moi un rude tour d'écrou à donner. » Il parle ensuite du peintre Hébert et témoigne son amitié pour M. Sensier.

636. FRANÇAIS (François-Louis), le paysagiste, n. 1814.

1º L. A. S. à Théodore Rousseau ; 25 août, 1 p. in-8.

Recommandation en faveur d'un jeune peintre.

2º Dessin à la mine de plomb, fait à Florence en 1846, in-8.

Ce fort joli dessin porte la signature de Français.

637. MILLET (Jean-François), le grand paysagiste, n. 1815, m. 1875.

1º L. A. S. à son ami A. Sensier ; Gréville, (22 juillet 1854), 3 p. in-8, enveloppe.

Très-belle lettre, pleine d'amitié pour M. Sensier. « Depuis que je suis ici, j'ai travaillé autant qu'il m'a été possible, mais le temps ne m'a guère bien servi. Il a plu très souvent et fait un vent à ne pouvoir facilement rester dehors. Malgré tout je rapporterai quelques peintures, sinon terminées, du moins assez avancées pour en tirer mon profit. J'ai commencé deux morceaux d'étude de mer et compte bien en faire d'autres accompagnés de croquis plus ou moins nombreux. »

2º Croquis original au fusain représentant une femme portant une charge de bois mort.

638. MILLET (Jean-François).

L. A. S. à son ami A. Sensier ; 11 juin 1857, 2 p. in-8.

Il lui annonce que sa femme vient d'accoucher heureusement d'un garçon.

639. COURBET (Gustave), un des chefs de l'école réaliste, n. 1819, m. 1877.

L. A. S. à M. Bain ; Trouville, (8 sept. 1865), 2 p. pl. in-8.

Curieuse lettre où il dit qu'il est forcé de prolonger son séjour à Trouville. « J'ai fait par hasard le portrait d'une princesse hongroise. Il a un tel succès que je ne peux plus travailler, tant j'ai de visiteurs. Toutes les autres dames me demandent les leurs. J'en ferai encore deux ou trois pour contenter les plus pressées... »

640. ZIEM (Félix), paysagiste, n. 1822.

L. A. S. à Théodore Rousseau; Martigues, lundi (29 nov. 1860), 4 p. pl. in-8, enveloppe.

Très-curieuse lettre où il trace le tableau de son installation à Martigues, sur le bord de la Méditerranée. Une page est consacrée au plan du pays qu'il habite.

ITALIE

641. **PIPPI** (Giulio), dit JULES ROMAIN, un des plus grands peintres de l'école romaine, élève et successeur de Raphaël, n. à Rome, 1492, m. 1546.

L. A. S. aux députés « sopra alla fabrica de la steccata », à Parme; Mantoue, 30 avril 1541, 1 p. in-fol., cachet.

Précieuse pièce. Il regrette d'avoir manqué la visite de Michel-Ange avec lequel il aurait désiré causer de leur projet. Il est tout prêt à aller à Parme si on obtient pour lui la permission de Sa Seigneurie. Il accuse réception de 40 écus pour solde de compte.

642. **CARRACI** (Lodovico), en français CARRACHE, n. 1555, m. 1619.

L. A. S. à Ferrante Carlo, à Crémone; Bologne, 26 janv. 1610, 3/4 de p. in-fol.

Belle lettre où il le remercie de sa lettre et lui promet l'envoi d'un dessin.

643. **BERRETTINI** (Pietro), dit PIERRE DE CORTONE, n. 1597, m. 1669.

L. A. S.; Florence, 10 décembre 1644, 1 p. in-fol.

Il espère avoir fini dans deux mois l'œuvre qu'il fait pour le grand-duc de Toscane.

644. **ROSA** (Salvatore), n. 1615, m. 1673.

L. A. S. S. R. à G.-B. Ricciardi, à Pise; Rome, 31 mars 1657, 1 p. 1/2 in-fol., cachet. Jaunie.

Plaisante épitre où il parle de ses satires.

645. **ROSA** (Salvatore).

L. A. S. S. R. à G.-B. Ricciardi, à Florence; Rome, 30 janv. 1670, 1 p. pl. in-fol.

Épître satirique et intime.

646. **GENNARI** (Benedetto), neveu du Guerchin, peintre de Louis XIV et du roi d'Angleterre Charles II, n. 1633, m. 1715.

L. A. S.; Bologne, 16 septembre 1664, 1 p. in-fol.

647. **ROSALBA-CARRIERA**, femme peintre, célèbre par ses admirables pastels, n. 1671, m. 1757.

L. A. S. (à Coypel); Venise, 10 oct. 1721, 2 p. 1/4 in-4. Autographe fort rare.

Elle annonce qu'elle envoie à l'Académie de peinture un pastel dans lequel elle a représenté une nymphe de la suite d'Apollon faisant présent de sa part d'une couronne de lauriers à l'Académie de Paris.

648. CASANOVA (Giovanni-Battista), écrivain sur les Beaux-Arts, directeur de l'Académie de Dresde, n. 1729, m. 1798.

L. A. S., en français, à un graveur; Dresde, 7 avril 1794, 3 p. in-4.

PAYS-BAS

649. JORDAENS (Jacques), n. 1594, m. 1678.

L. A. S. à Constantin Huygens; Anvers, 19 oct. 1659, 1 p. 1/2 in-fol., cachet. Pièce fort rare.

650. SUBTERMANS (Juste), un des maîtres les plus recherchés du XVII° siècle pour le portrait, n. 1597, m. 1680.

L. A. S., en italien, à un grand seigneur; Modène, 4 juill. 1633, 1 p. in-fol. Piquée d'humidité.

Relative à ses portraits du grand-duc de Modène et du cardinal Cibo.

ANGLETERRE

651. HOGARTH (William), n. 1697, m. 1764.

1° Reçu de 4 lignes aut. sig.; 10 mai 1745, 1 p. in-8 oblong. Autographe extrêmement rare. — 2° P. A., avec ratures et corrections, 1 p. in-4.

Rec.d May 10. 1745
of George Scotts Esq.s one Guinea for
a Sett of Prints call'd the Harlots Progress,
in full of all Demands

Wm Hogarth

652. REYNOLDS (sir Joshua), n. 1723, m. 1792.

L. A. S.; Londres, 3 déc. 1784, 1 p. pl. in-4. Fatiguée dans les plis et raccommodée.
Précieuse lettre pleine de détails artistiques.

653. LAWRENCE (sir Thomas), n. 1769, m. 1830.

L. A. S. au comte de Forbin; Londres, 16 juin 1828, 3 p. in-4.
Il le remercie d'avoir admis son tableau au Salon. Il y a à Londres une exposition spéciale des ouvrages d'Horace Vernet et autres grands peintres de l'école française : ces tableaux sont fort admirés.

654. TURNER (Joseph-Mallon-William), n. 1775, m. 1851.

L. A. S. à M. Wallis; 1er août 1834, 1 p. in-8.

655. CONSTABLE (John), n. 1776, m. 1837.

1° L. A. S., 1 p. 1/2 in-8. Légère déchirure dans un angle. — 2° L. A. S.;
21 fév. 1827, 1 p. 1/2 in-18.

656. WILKIE (David), n. 1785, m. 1841.

L. A. S. à M. Macgillivray; 18 mai 1819, 1 p. in-8, cachet. Jolie pièce.

657. ETTY (William), n. 1787, m. 1850.

L. A. S. à M. Hale; 16 nov. 1848, 1 p. 1/2 in-8.

658. MARTIN (John), n. 1789, m. 1854.

L. A. S. à M. Feuillet de Conches; Londres, 8 août 1835, 1 p. in-4.
Intéressante lettre sur un de ses tableaux.

659. EASTLAKE (sir Charles Locke), n. 1793, m. 1865.

L. A. S. à Thomas Lawrence; Rome, 20 mars 1823, 3 p. 1/2 in-4.
Superbe lettre artistique où il parle de Michel-Ange, du Titien, du Poussin et de sir Joshua Reynolds.

660. BONINGTON (Richard-Parkes), n. 1801, m. 1828.

L. A., en français (au peintre Colin); Dunkerque, 5 avril 1824, 2 p. 1/4 in-4. Pièce
incomplète de la fin, qui a malheureusement été coupée.
Il raconte la vie qu'il mène à Dunkerque. Curieux détails.

661. BONINGTON (Richard-Parkes).

L. A. S., en français, au peintre Colin; Dunkerque, 1er nov. 1824, 2 p. in-4.
Détails sur sa vie. Il travaille peu. Il espère que Colin verra Francia, qui vient de partir de Calais.

662. BONINGTON (Richard-Parkes).

L. A. S., en français, au peintre Colin; mercredi matin (14 déc. 1825), 1 p. in-8.
Curieuse lettre où il se plaint amèrement de la lettre qu'il a reçue de lui. « Je n'ignore pas que j'ai mes

défauts comme tous le monde, peut-être plus, mais je ne peut deviner ce qui a peut motiver vos accusations.»

663. CRUIKSHANK (George), dessinateur et caricaturiste.

1º L. A. S.; 13 juill. 1829, 1 pet. in-4. — 2º L. A. S. à Routledge; 18 mai 1865, 1 p. in-8.

ALLEMAGNE

664. KOBELL (Ferdinand), célèbre par ses paysages et ses eaux-fortes, n. 1740, m. 1799.

L. A. S.; 11 juin 1796, 1 p. in-4.

665. CORNELIUS (Peter von), n. 1783, m. 1867.

L. A. S. à M. Bœdexer; Dusseldorf, 1er oct. 1805, 3/4 de p. in-4.

666. OVERBECK (Friedrich), n. 1789, m. 1869.

L. A. S., en français, (à l'éditeur Curmer); Rome, 2 nov. 1839, 3 p. pl. in-8.

Très-intéressante lettre sur l'exécution de la gravure de son tableau de la *Pentecôte* et sur le livre d'Heures d'Anne de Bretagne que publiait en ce moment Curmer.

SUISSE

667. KAUFFMANN (Angelica), n. à Coire, 1741, m. 1807.

L. A. S., en anglais, à MM. Grellet et Cie, Rome, 31 mars 1798, 2 p. 1/2 in-4. Belle pièce.

DANEMARK

668. **ALS** (Pierre), le célèbre miniaturiste.

L. A. S., en français, au graveur Wille; Copenhague, 3o juin 1763, 6 p. in-4.
Très-intéressante lettre sur l'état de la peinture en Danemark.

ÉTATS-UNIS

669. **WEST** (Benjamin), n. 1738, m. 1820.

L. A. S. à miss Williams; Londres, 6 nov. 1802, 1 p. in-4. Légères taches.

SCULPTEURS

FRANCE

670. **PUGET** (Pierre), un des plus puissants artistes de son temps, n. à Marseille, 1622, m. 1694.

L. A. S.; Toulon, 16 fév. 1668, 3 p. pl. in-4.

Précieuse pièce. Sur l'ordre du roi de se rendre à Toulon, il a laissé le travail de sa figure de la *Conception*, mais il a ordonné à ses ouvriers d'en continuer l'ébauche d'après le modèle qu'il a laissé et de ne rien

finir. Si ses jeunes hommes ont besoin de quelque petite somme pour leur subsistance, il l'obligerait de lui donner cinquante piastres. Il est engagé dans une affaire avec un nommé Blan, de Gênes, et n'en est pas payé. Il prie qu'on intervienne en sa faveur.

671. PUGET (Pierre).

Note autographe, 3/4 de p. in-4.

Quand il a quitté Sa Majesté, le roi lui a dit de continuer à travailler pour lui. Il s'est occupé d'un *Saint Charles assistant à une Peste*, l'une des meilleures choses qu'il ait faites. Il demande s'il faut le destiner au roi. M. Coypel pourra dire ce qu'il est, l'ayant vu.

672. COUSTOU (Nicolas), élève de Coysevox, n. 1658, m. 1733.

L. A. S.; Paris, 1er mars 1704, 1 p. 1/2 in-4.

Il demande le rétablissement de son beau-père, le peintre Houasse, dans le poste de garde des tableaux du cabinet du Roi et de trésorier de l'Académie de peinture et de sculpture.

673. COUSTOU (Guillaume), frère de Nicolas, n. à Lyon, 1678, m. 1746.

L. S.; Paris, 23 sept. 1742, 2 p. in-4.

Il a été à l'Arsenal visiter les moules et il en rend compte à M. le contrôleur général. Il demande ensuite le paiement de mille écus qui lui sont dus pour les ouvrages de Marly.

674. BOUCHARDON (Edme), n. 1698, m. 1762.

L. A. S. à M. Arragebois, à Chaumont-en-Bassigny; le Roule, 26 janv. 1759, 3 p. in-4. Pièce rare, malheureusement fatiguée et déchirée sur les bords.

Lettre pleine de détails intimes. « J'aime beaucoup le jardinage. Depuis environ 16 ans je mi suis livré de bon cœur. C'est mon amusement et le seul plaisir dont je jouisse quand je quitte mes ocupations sérieuse. L'esprit ne peut pas toujour estre fixé à une même chose; il périroit comme la corde d'un arque trop tendus. J'ai pour jardinier le fils du fameux Antoinne, jardinier de Boilot, dont il est parlé dans les poesie de ce grand homme... »

675. PIGALLE (Jean-Baptiste), n. 1714, m. 1785.

L. S.; Paris, 21 juin 1754, 2 p. in-4.

Il demande la pension vacante par suite du décès de Caze, ancien directeur de l'Académie. Croyant avoir eu le bonheur de réussir dans la figure du roi, il se flatte de mériter une récompense qui est accordée d'ailleurs à tous ceux qui sont chargés du buste du roi.

676. COUSTOU (Guillaume), n. 1716, m. 1777.

L. A. S. à l'intendant des bâtiments du Roi; Paris, 28 oct. 1764, 3 p. in-4.

La mort de Michel-Ange Slodtz, sculpteur du roi, chargé conjointement avec lui de tous les ouvrages de sculpture de la place du Roi, l'obligeant à se mettre en règle vis-à-vis de sa famille, il envoie un mémoire explicatif pour le règlement. Il a écrit à l'architecte Gabriel pour le prévenir sur la nécessité de suspendre tous les ouvrages.

677. FALCONET (Étienne-Maurice), auteur de la statue colossale de Pierre le Grand à Saint-Pétersbourg, n. 1716, m. 1791.

L. A. S. à M. Mouette; Chatenay, 5 mars 1782, 1 p. pl. in-4. Autographe rare.

Curieuse épître sur ses ouvrages de critique et où se révèle son amour-propre qui lui suscita tant d'ennemis. Il écrit pour les hommes honnêtes, instruits et qui pensent, et non pour les pédants, ni pour les garçons perruquiers, encore moins pour les méchants, « et pour ces Olibrius qui toujours de mauvaise humeur et prévenus contre un sentiment nouveau, parce qu'il est nouveau, parlent sans cesse des arts où ils voient comme dans un four. . »

678. CAFFIERI (Jean-Jacques), n. 1723, m. 1792.

1° P. A. S.; Paris, 27 juill. 1785, 1/2 p. in-4. — 2° L. A. S.; Paris, 31 déc. 1791, 1 p. in-4.

Il déclare que les journaux ont dénaturé sa lettre à Bailly, maire de Paris, ce qui l'a forcé de la faire imprimer.

679. PAJOU (Augustin), n. 1730, m. 1809.

L. A. S. au président d'une société; Paris, 3 brumaire an VIII, 3/4 de p. in-4.

Il donne sa démission de membre de la Société.

680. CLODION (Claude MICHEL, dit), surnommé le *Boucher de la sculpture*, n. à Nancy, 1738, m. 1814.

L. A. S. aux membres de son district; (Paris), 20 juill. 1789, 1 p. in-4.

Compris, après la prise de la Bastille, dans les cadres de la garde nationale, il demande à être exempté, des douleurs de goutte ne lui permettant pas de faire son service.

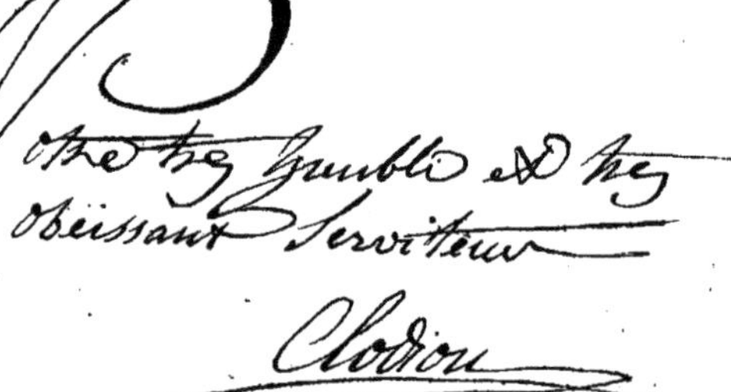

681. HOUDON (Jean-Antoine), n. 1740, m. 1828.

L. A. S.; Paris, 28 ventôse an II, 3 p. 1/2 in-4.

Très-intéressante lettre sur les objets à transporter au garde-meubles.

682. BARYE (Antoine-Louis), n. 1795, m. 1875.

L. A. S. à Diaz; 12 déc. 1855, 1/2 p. in-8. Jolie pièce.

ÉTRANGER

683. CHANTREY (sir Francis), n. 1782, m. 1841.

L. A. S. à Robert Gillam; 11 déc. 1816, 1 p. in-4.

Relative au monument du major général Hoghton, qu'il a sculpté dans Saint-Paul par ordre du gouvernement.

GRAVEURS

684. LE CLERC (Sébastien), n. à Metz, 1637, m. 1714.

P. S., sur vélin; Paris, 11 août 1704, 1 p. in-8 oblong.

685. COCHIN (Charles-Nicolas), n. 1715, m. 1790.

L. A. S.; 14 juillet 1783, 2 p. in-4. Un peu rognée dans le haut.

Curieuse épître sur une suite de dessins qu'il était chargé de faire. Le travail étant considérable, il demande qu'on lui rende ses dessins après qu'ils auront été gravés, et il promet qu'ils ne seront vendus qu'à sa mort.

686. EISEN (Charles), n. 1721, m. 1778.

P. A. S.; Paris, 24 janv. 1769, 1/2 p. in-8 oblong.

Reçu de 48 livres pour un dessin qui doit servir de frontispice aux *Lamentations de Jérémie* par Baculard d'Arnaud.

687. QUEVERDO (François-Marie-Isidore), n. 1740, m. 1808.

P. A. S.; Paris, 2 sept. 1773, 1/2 p. in-8 oblong.

Reçu de 200 livres pour l'eau-forte de *Diane aux bains,* qu'il a gravée d'après Polimbourg.

688. MÉRYON (Charles), n. 1821, m. 1868.

L. A. S. à M. Martin, secrétaire d'administration de la maison de santé de Charenton; 22 août 1867, 14 p. 1/2 in-8.

Lettre des plus curieuses pour la biographie de cet artiste. Méryon raconte son transfèrement à Charenton et proteste avec énergie contre son incarcération. « J'ai servi activement sur les navires de l'Etat pendant sept années consécutives. Après quoi j'ai pris l'état de graveur où j'ai fait d'assez nombreuses œuvres, qui me sont entièrement personnelles. J'ai actuellement même un album gravé, ayant trait à un voyage important, en cours d'exécution. J'ai plus de quarante ans; je ne suis lié par aucun engagement avec qui que ce soit; je ne suis sous le coup d'aucune condamnation qui puisse légitimer ma détention, surtout en cette présente maison, qui a toute autre destination spéciale dont les règlements seraient sans doute en ma faveur; je suis, dis-je, indépendant; je dispose suffisamment de toutes mes facultés pour gagner ma vie. Quel juste motif pourrait-on donc donner pour me priver plus longtemps de ma liberté, pour que satisfaction ne me soit accordée? »

AMATEURS D'ART

689. MARIETTE (Pierre-Jean), célèbre amateur d'art, n. 1694, m. 1774.

L. A. S.; 5 août 1762, 1 p. pl. in-8.

Il annonce qu'il a reçu deux tableaux de Dietrich, et qu'il lui envoie en échange trois pièces de Rembrandt.

690. CROZAT (Joseph-Antoine), marquis de Tugny, lecteur du cabinet du Roi, un des plus célèbres amateurs des beaux-arts, n. 1696, m. 1740.

1º L. A. S., en italien, à Monseigneur Strozzi, à Rome; Paris, 25 nov. 1751, 3 p. in-4. Intéressante. — 2º P. A. S., 1 p. in-4.

Copie de la lettre écrite le 22 mars 1728 par le garde des sceaux à M. Crozat pour lui permettre d'avoir chez lui une presse à imprimer.

MADAME DE SÉVIGNÉ

ET SA FAMILLE

691. **SÉVIGNÉ** (Marie de Rabutin-Chantal, marquise de), la grande épistolaire, n. 1626, m. 1696.

> L. A. à sa fille la comtesse de Grignan ; lundi au soir, 1 p. pl. pet. in-4.

Elle lui annonce que tout est disposé pour la recevoir. « Ordonnez, comandez, car ma fantaisie et ma sorte d'amitié c'est d'aismer cent fois mieux vostre volonté que la mienne et de me trouver tousjours toute disposée à suivre vos desseins. »

692. **SÉVIGNÉ** (Charles, marquis de), fils de
la précédente, n. 1658, m. 1713.

> L. A. S. (à Lamoignon) ; Nantes, 9 août 1695,.
> 3 p. in-4.

Relative à une question de préséance entre lui et M. de Morveaux, lieutenant du gouverneur de Nantes. Il demande en quoi, dans cette affaire, il a pu déplaire à M. de Lamoignon.

693. **BUSSY-RABUTIN** (Roger, comte de), cousin de Mme de Sévigné, auteur
de l'*Histoire amoureuse des Gaules*, n. 1618, m. 1693.

> L. A. au P. Bouhours ; Autun, 3 mars 1693, 5 p. 1/2 pet. in-8, cachet.

C'est la dernière lettre connue, mais non imprimée, de Bussy-Rabutin. Un mois après il était mort. On voit, par cette lettre, que jusqu'à son dernier soupir, il fut à la fois homme de lettres, grand seigneur, courtisan, et qu'il mourut la plume et l'épée à la main.

694. **BUSSY-RABUTIN** (Louise-Françoise de), marquise de Coligny, fille du
précédent, auteur d'une *Histoire de sainte Chantal*, m. 1716.

> L. A. S. au P. Bouhours, 2 p. in-12, cachet de deuil.

Très-répandues et très-goûtées au xviie siècle, les lettres de Mme de Coligny sont d'une insigne rareté. Louis XIV ayant voulu en lire quelques-unes à Mme de Montespan, dit : « *Elle a plus d'esprit que son père.* »

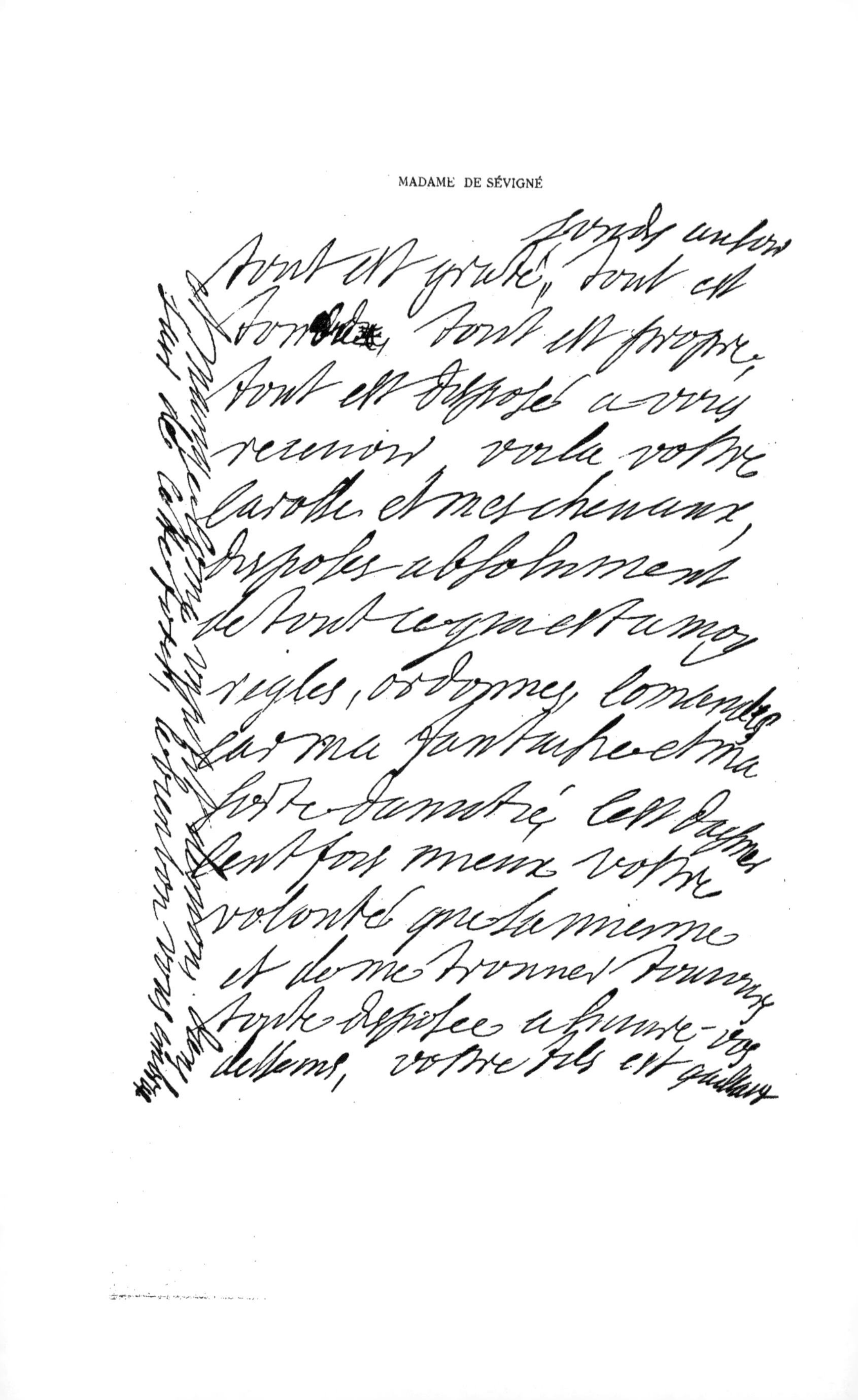

[Fac-similé d'une lettre autographe de Madame de Sévigné.]

695. **COULANGES** (Philippe-Emmanuel, marquis de), écrivain et chansonnier, n. 1631, m. 1716.

> L. A. (à M. de Lamoignon); Rome, 30 juillet (1691), 10 p. pl. in-4.
>
> Capucins d'Eaubonne. — Élection d'Innocent XII. — Courses des sbires devant les ambassades. — Fermeté du Pape. — M. d'Harcourt, ami de Mme de Sévigné. — Deux chansons de Coulanges sur l'élection du Pape, etc.

696. **COULANGES** (Philippe-Emmanuel, marquis de).

> L. A. (à M. de Serte, attaché à la personne du cardinal de Bouillon); Paris, 27 fév. (1708), 4 p. pl. in-4.
>
> Existence du cardinal de Bouillon au château de Córmatain. — L'abbé d'Auvergne. — Mariage du comte d'Evreux et de Mlle Crozat, etc.

697. **COULANGES** (Marie-Angélique du Gué de Bagnols, marquise de), femme du précédent, amie et rivale de Mme de Sévigné par la grâce et l'esprit, m. 1723.

> L. A. S. à M. de Lamoignon; Paris, mardy matin (nov. 1690?), 3 p. in-8, cachet.
>
> Feuilles volantes dont se plaignait tant Mme de Sévigné. — Mort du marquis de Seignelay. — Stupéfaction de Mme de Coulanges. — Ses réflexions.

698. **GRIGNAN** (Joseph Adhémar, dit le chevalier de), maréchal de camp, celui que Mme de Sévigné appelait le *Glorieux*, m. 1713.

> L. A. S. (à M. de Lamoignon); Grignan, 19 janv. 1690, 3 p. in-4. Jolie lettre.

699. **GRIGNAN** (Joseph Adhémar, dit le chevalier de).

> L. A. (à M. de Lamoignon); Grignan, 24 mars 1690, 3 p. in-4.
>
> Relative aux démêlés de Mme de Vibray avec M. de Grignan.

700. **GRIGNAN** (Joseph Adhémar, dit le chevalier de).

> L. A. S.; (Grignan), 1er décembre 1695, 5 p. in-4.
>
> Lettre pleine d'intérêt où il est question de l'esprit et du mérite des lettres de Madame, duchesse d'Orléans, des noces de Mlle de Grignan, devenue marquise de Simiane, d'une maladie de Mme de Grignan, etc.

701. **VINS** (le marquis de), ami de Mme de Sévigné.

> L. A. S. au marquis de Feuquière, en Suède; Pomponne, 1er sept. 1678, 3 p. pl. in-4, cachet.
>
> Blessure du comte de Feuquière, mort du chevalier, après des prodiges de valeur, à la bataille de Saint-Denis, sous les murs de Mons.

702. **BAYARD** (l'abbé), ami de Mmes de Sévigné et de La Fayette.

> L. A. S., sig. aussi par M. de la Fayette, à Ménage; 17 décembre, 1 p. in-4, cachet.
> Au dos sont quelques lignes de la main de Ménage.

COMPOSITEURS DE MUSIQUE

FRANCE

703. **MUSICIENS DES XVIᵉ ET XVIIᵉ SIÈCLES.** 4 pièces.

Quittances signées par *Guillaume le Boullenger, sieur de Vaumesnil*, maître de musique de la chapelle de Monseigneur, frère unique du Roi (1577); *Bencivenny* (Jean-Baptiste), maître de musique de la chapelle de la Reine-mère (1577); — *Marchant* (Pierre), maître organiste de Paris (1587); — et *Panon* (Jean), « joueur de hautbois enseignant les forçats quy jouent des dits instruments sur les galleres du Roy » à Marseille (1681).

704. **BONNIÈRES** (Nicolas-Alexandre de), maître de la musique de la chambre du Roi sous Henri IV.

P. S.; 8 mars 1598, 2 p. 1/4 in-fol.

705. **AUGET** (Paul), surintendant de la musique de la chambre de Louis XIII et de Louis XIV, m. 1660.

P. S., sur vélin; 6 mars 1642, 1 p. in-8 oblong.

Quittance donnée comme tuteur de Maire de Cirano. Elle montre que le véritable nom de cet artiste était *Auget* et non *Auger*; c'est cette orthographe fautive qui a été adoptée par Fétis.

706. **ANGLEBERT** (Jean-Henri d'), claveciniste de la chambre de Louis XIV, dont le portrait a été peint par Mignard.

P. S., sur vélin; Paris, 31 juillet 1665, 1/2 p. in-8 oblong.

Reçu de 60 livres pour avoir joué du clavecin durant le ballet de *la Naissance de Vénus*.

707. **DU MONT** (Hénri) maître de la chapelle de Louis XIV, organiste de

l'église Saint-Paul, dans laquelle il fut enterré, un des musiciens les plus distingués de son temps, n. près de Liége, 1610, m. 1684.

P. S., sur vélin; Paris, 18 fév. 1668, 1 p. in-8 oblong.

Quittance de 825 livres tournois pour son traitement et celui des pages de la musique pendant 6 semaines.

708. BOUTELOU (Jean), célèbre haute-contre de la chapelle de Louis XIV.

Quittance sig., sur vélin; Paris, 10 octobre 1691, 1 p. in-8 oblong.

Fétis consacre quelques lignes à ce musicien dont il ne savait pas le prénom, que cette pièce nous apprend. Boutelou s'intitule : *Musicien des plaisirs du Roi.*

709. MUSICIENS DU XVIIᵉ SIÈCLE. 6 quittances sig., sur vélin.

Corneille (Médéric), organiste de l'église de Paris. 1698, in-8. — Delaroche (Samuel), valet de chambre et joueur de luth ordinaire du roi. 1626, in-4. — Mayeux (Antoine), organiste de Saint-Médéric, de Paris. 1704, in-8. — Monnot (Bénigne), hautbois du roi. 1705. — Pièche (Pierre-Alexandre), flûte ordinaire de la chambre du roi. 1695, in-4. — Tissu (Claude), maître de luth des pages de la musique de la chapelle du roi. 1659, in-8.

710. VIOLONS ORDINAIRES DE LA CHAMBRE DE LOUIS XIV. 8 quittances sig., sur vélin.

Bazoncourt (Philippe). 1682, in-4. — Bernard (Nicolas). 1682, in-4. — Buret (Jacques). 1682, in-8. — Charpentier (Charles). 1707, in-8. — Chaudron (Guillaume). 1680, in-8. — Duchesne (Thomas), l'un des 24 violons et juré en titre d'office de la communauté des maîtres de danse de Paris. 1693, in-8. — Léger (Michel). 1682, in-8. — Viel (Jacques). 1682, in-4.

711. MONSIGNY (Pierre-Alexandre), n. 1729, m. 1817.

L. A. S. à Arnault; (1800), 1 p. in-8.

Piccinni étant mort, Monsigny demande la place d'adjoint au Conservatoire et le logement que ce compositeur occupait à l'hôtel d'Angiviller.

712. DALAYRAC (Nicolas), n. 1753, m. 1809.

L. A. S. à Fabien Pillet; Paris, 3ᵉ complémentaire an XIII, 1 p. pl. in-8. La moitié du papier blanc de l'adresse a été coupée. Jolie lettre.

713. GRÉTRY (André-Modeste), n. 1741, m. 1813.

1º 2 P. A. S.; Paris, 18 fév. 1787, 2 p. in-8.

Approbation de deux grandes sonates pour le clavecin et de six quatuors pour violon, composés par Pleyel.

2º L. A. S. à la citoyenne Saint-Aubin; Paris, 11 ventôse, 1 p. in-8. Taches de rousseur.

Il lui rappelle qu'elle lui a promis de faire remettre au théâtre quelques-unes de ses pièces.

714. GRÉTRY (André-Modeste).

P. A. S.; Paris, 3 juin 1787, 1 p. in-8.

Approbation de la partition de *Tarare* de Salieri, avec paroles de Beaumarchais.

715. GRÉTRY (André-Modeste).

P. A. S.; Paris, 30 nov. 1787, 1 p. in-4.

Approbation de six quatuors d'Haydn, d'une sonate à quatre mains et d'un quatuor pour clavecin, de Mozart, de six quatuors d'Antoine Rosetti pour violon, et de trois symphonies à grand orchestre, de Haydn.

716. GRÉTRY (André-Modeste).

P. A. S.; Paris, 5 janv. 1788, 3/4 de p. in-8.
Approbation de six symphonies de Haydn.

717. CHERUBINI (Louis), n. 1760, m. 1842.

1° L. A. S. à Plantade; Paris, 19 déc. 1806, 1 p. 1/4 in-4.
Recommandation en faveur de M. Fenzi, professeur de violoncelle.

2° L. A. S. à Plantade; (1807), 3 p. in-4.
Il s'excuse de ne pas l'avoir, par étourderie, tutoyé dans la lettre précédente. Il l'assure de son amitié et le félicite sur sa nomination de maître de chapelle du roi de Hollande.

3° L. A. S. à Plantade; 19 janvier, 2 p. in-8.
Ne pouvant aller à Saint-Denis pour le service de l'anniversaire de la mort de Louis XVI, il lui donne ses instructions.

718. MÉHUL (Etienne-Henri), n. 1763, m. 1817.

L. A. S. à Plantade, 1 p. in-4.
Il se plaint de ce que Plantade se soit élevé contre son admission à la place de membre honoraire de la *Société des Enfants d'Apollon.* — On a joint la minute de la réponse de Plantade.

719. MÉHUL (Étienne-Henri).

L. A. S. à Plantade, 2 p. in-4.
Curieuse réponse à la minute de Plantade jointe à la précédente lettre. « Tu as presque raison en disant que je ne suis ni vieux ni pauvre, mais je puis facilement te prouver que tu te trompes complétement sur tout le reste. Consulte nos anciens, consulte nos archives. »

720. PLANTADE (Charles-Henri), n. 1764, m. 1839.

1° L. A. S., 1 p. in-4. — 2° *Cantique à la Vierge*, morceau de musique aut. sig., 2 p. in-4 oblong.

721. PAER (Ferdinand), n. 1771, m. 1839.

L. A. S. à Monseigneur..., 1 p. in-4.
Il recommande Mlle Beltz, qui a un beau talent sur la harpe.

722. NICOLO (Nicolas Isouard, dit), n. 1774, m. 1818.

P. A. S.; Paris, 26 avril 1815, 3/4 de p. in-4.
Devis de l'impression de sa ronde militaire, dite *la Parisienne*, à lui commandée par le comte Durosnel.

723. BOIELDIEU (Adrien), n. 1775, m. 1834.

L. A. S. à Janet, éditeur de musique; Jarcy, 25 septembre (1827), 1 p. pl. in-8.
Il a dû, par suite d'un accident, interrompre son opéra *les Deux Nuits*, mais il va se remettre au travail

724. SPONTINI (Gaspard), n. 1778, m. 1851.

1° P. A., 1 p. in-4.
Note biographique sur lui-même.

2° L. A. S. à Plantade; ce mercredi 29, 1 p. in-18.

725. AUBER (Daniel-François-Esprit), n. 1784, m. 1871.

1° 3 L. A. S., dont une à Plantade, 2 p. in-8. — 2° Une ligne de musique aut. — 3° P. A., 1 p. in-8.
Programme des morceaux qui devront être joués le samedi 11 janvier 1845, dans la soirée donnée par le duc de Nemours.

726. HEROLD (Ferdinand), n. 1791, m. 1833.

    L. A. S., 1 p. in-8.

727. HALEVY (Fromental), n. 1800, m. 1862.

    1° L. A. S. à Saint-Georges, 1 p. in-4.

    Il lui soumet des vers pour une de ses mélodies.

    2° L. A. S. à M. Guyardin, 1 p. in-8. — 3° L. A. S., 3 p. in-4.

    Relative à son opéra *le Val d'Andorre*.

ITALIE

728. ROSA (Salvatore), poëte, musicien et peintre, n. 1615, m. 1673.

    L. A. S. *S. R.* à G.-B. Ricciardi, à Pise; Rome, 3 oct. 1661, 1 p. in-fol. Belle lettre.

729. PICCINNI (Niccolò), n. 1728, m. 1800.

    L. A. S., en français; Paris, 20 nov. 1786, 1 p. pl. in-4.

    Il attend la partition et le poëme pour exécuter les ordres de la Reine (Marie-Antoinette). « Je serois bien heureux si je pouvois m'approcher un tant soit peu à la sublimité du stile de mon pauvre ami (Sacchini)... » — On y a joint une l. s. de Pougens sur les filles de Piccinni.

730. PAISIELLO (Giovanni), n. 1741, m. 1816.

    L. A. S. à M. Grégoire; Naples, 25 sept. 1801, 2 p. in-8, cachet. Légère déchirure dans un angle.

    Belle lettre relative aux demandes qu'il a adressées à Le Sueur relativement à sa pension.

731. ROSSINI (Gioacchino), n. 1789, m. 1868.

    L. A. S. à Balochi; 28 juin (1826), 3/4 de p. in-8.

    Il annonce qu'il a vendu sa partition de l'*Assedio de Corinto* (le *Siége de Corinthe*) et que cet opéra sera représenté au mois de septembre. (Cette œuvre fut donnée à l'Opéra en octobre 1826.)

732. DONIZETTI (Gaetano), n. 1797, m. 1848.

    L. A. S., en français, à M. Duperret, directeur de l'*Avant-scène*; (1835), 1/2 p. in-8.

    Il l'invite à assister à la 2e représentation de son opéra *Marino Faliero*.

733. DONIZETTI (Gaetano).

    L. A. S., en français, à Saint-Georges; 4 juin 1839, 1 p. pl. in-8.

    Il exprime le regret que Roger ne puisse chanter la musique d'un de ses opéras, mais cette musique est trop peu dans le timbre de voix de ce chanteur.

734. VERDI (Giuseppe), n. 1814.

L. A. S., en français, au directeur du *Théâtre-Italien;* Paris. 22 oct. 1854, 2 p. 1/2 in-8.

Il déclare que ses griefs contre le Théâtre-Italien ne lui permettent pas de prendre part aux affaires musicales de ce théâtre.

ALLEMAGNE

735. MOZART (Wolfgang-Amadeus), n. 1756, m. 1791.

L. A. S. à sa sœur; (Milan), 3 mars 1770, 2 p. in-4.

Superbe et précieuse lettre. Il raconte à sa sœur qu'il s'est bien amusé à Milan et qu'il a été cinq ou six fois à l'Opéra. Les mascarades ont été fort belles. Il la charge d'embrasser sa mère et de faire ses compliments à tous les bons amis.

736. BEETHOVEN (Ludwig van), n. 1770, m. 1827.

L. A. S.; Bade, 11 juillet 1825, 1 p. pl. in-8.

737. HUMMEL (Johann-Nepomucene), n. 1778, m. 1837.

L. A. S., en français, à Norblin; (4 mai 1825), 1 p. in-8.

Il lui mande qu'il va exécuter dans son concert aux Menus-Plaisirs des variations et il le prie de les lui accompagner.

738. WEBER (Carl-Maria von), n. 1786, m. 1826.

L. A. S. au conseiller intime...; 8 nov. 1822, 1 p. pl. in-4.

Superbe lettre sur la distribution des rôles dans son opéra d'*Abou-Hassan.* Il parle du chanteur Ungolmann, qui est chargé du rôle d'Abou-Hassan.

739. WEBER (Carl-Maria von).

L. A. S., en français, à Castil-Blaze (traducteur du *Freyschütz);* Dresde, 4 janv. 1826, 1 p. in-4.

Très-curieuse lettre dans laquelle il se plaint de ce qu'on monte à l'Odéon une pièce où il y a des morceaux de son opéra d'*Euryanthe.* Il prétend se réserver le droit de monter lui-même cet ouvrage à Paris.

740. MEYERBEER (Jacques), n. 1794, m. 1864.

L. A. S., en français, à M. Gustave Robert; 21 octobre, 1 p. pl. in-4.
Hommage de deux de ses partitions.

741. MEYERBEER (Jacques).

7 L. A. S., en français, 9 p. 1/2 in-8.

FEMMES

743. **ESTE** (Isabella d'), duchesse de Mantoue, femme de François II de Gonzague, illustre protectrice des lettres et des sciences, m. 1539.

L. A. S. ; Mantoue, 16 déc. 1497, 1/2 p. in-fol., cachet. Belle et rare pièce.

744. **DIANE DE POITIERS**, la belle maîtresse de Henri II, n. 1499, m. 1566.

L. A. S. au cardinal de Tournon, 1 p. in-fol.

Précieuse pièce, dont voici le texte :

« Monsieur, encores qu'il ni ait pas long tant que je voust aye escrit là où je vous mandois la depesche du bénéfice qu'avés fet donner à mon neveu de Polignat, depuys selles j'ay veu que le Roy a changé d'opinion, voiant les depesches qui luy sont venues de Rome, où je voy que les choses sont bien préparées pour fere quelque bon effet. Je voy bien que ledit seigneur a envye que retournés avec Mons. le Cardinal. Je m'assure que n'y faudrés pour le désir et affetion qu'avez au servisse de Sa Magesté. J'ay espérance que vous y ferés ung bon voïaige. Notre Seigneur le veuille. Je vous suplye de croyre que là où je vous pouré fere servisse je le feré d'aussy bon cueur que me trouverés à jamès.

« Vostre humble à vous obéyr,

« DIANNE DE POYTIERS. »

745. **JEANNE D'ARAGON**, épouse d'Ascagne Colonna, une des femmes les plus illustres de son temps.

L. S. ; Rome, 2 sept. 1566, 1 p. in-fol.

746. **BROSSE** (Jeanne de), dite de BRETAGNE, petite-fille de Commynes, femme de Réné de Laval, s^r de Bressuire.

P. S. ; les Essars, 5 nov. 1571, 1/2 p. in-fol.

747. **MONTAUSIER** (Julie d'ANGENNES, duchesse de), gouvernante des En-

fants de France, pour laquelle fut composée la célèbre *Guirlande de Julie,* n. 1607, m. 1671.

L. A. S. au cardinal de La Vallette; (5 juillet), 4 p. 1/4 in-4, cachets et soies.

Superbe lettre sur son frère qui avait, sans l'autorisation de ses parents, rejoint l'armée du cardinal de La Vallette. Sa mère et son père se plaignent de ce que leur fils a exécuté son dessein contre leur volonté. « Néamoins j'espère que parse qu'il est auprès de vous il luy pardonneront plustost. Pour moy, Monseigneur, quy ne vous ay jamais peu randre se que je devois pour mes debtes propres, vous me dispanserés sy je ne me charge point de selles de mon frère... »

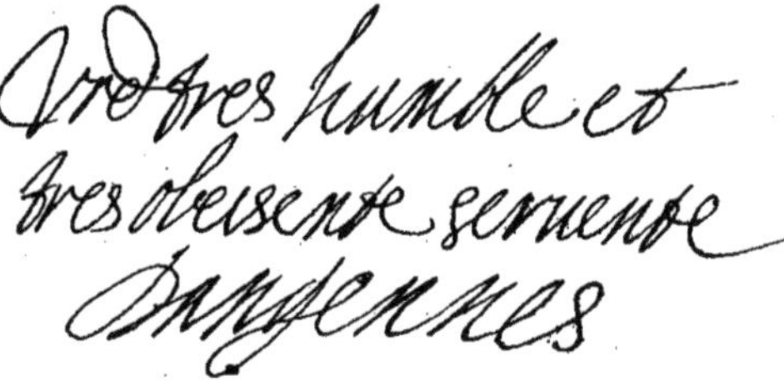

748. **MONTESPAN** (Françoise de Rochechouart, marquise de), célèbre maîtresse de Louis XIV, n. 1641, m. 1707.

P. S. deux fois, avec 2 lignes autographes; 1683, 1 p. in-fol.

Précieux document. C'est un acquit derrière une lettre signée de Louis XIV, du 16 janvier 1683, ordonnant de payer à la marquise de Montespan la somme de 150,000 livres, « que je luy ay ordonnée pour l'entretenement de mes enfans naturels les duc du Mayne, comte de Toulouze, damoiselles de Nantes et de Blois, pendant la présente année 1683. »

749. **LA VALLIÈRE** (Françoise-Louise de La Baume-Leblanc, duchesse de), célèbre maîtresse de Louis XIV, n. 1644, m. 1710.

L. A. S. à Mabillon; 3 juillet, 3 p. pl. in-4. Déchirure par la rupture du cachet enlevant un mot.

Très-curieuse lettre de recommandation pour un gentilhomme. « Nous vous suplions aussy de nous obtenir de la patience de Jésus-Christ sa divine grace dont j'ay fait un sy mauvais usage jusque icy, afin que, marchant avec ferveur dans la pénitence que je suis obligée de faire, je n'aye pas à répondre au dernier jour sur mes crimes passés et sur mon infidélité présente à suivres les lumières qui me condenneront sy je ne commence à les mettre en œuvre... »

750. **GRAMONT** (Elisabeth Hamilton, duchesse de), sœur d'Antoine Hamilton, m. 1708.

L. A. S.; 20 nov. 1679, 1 p. pl. in-4.

Assurances de dévouement sympathique envers son correspondant qui vient d'éprouver un malheur.

751. **PARABÈRE** (Marie-Madeleine de La Vieuville de), la célèbre maîtresse du Régent.

L. A. S.; Marly, 9 août 1713, 1 p. 1/4 in-4.

Épître des plus curieuses où elle raconte qu'elle a été malade d'une indigestion et parle de son portrait par Rigaud.

752. **GEOFFRIN** (Marie-Thérèse Rodet), n. 1699, m. 1777.

L. A. S. à M. Desfranches; 5 déc. 1775, 1 p. 3/4 in-4.

Elle plaide chaleureusement auprès de lui la cause de M. Deslandes. La noblesse de son âme ne lui perme pas de jamais se plaindre et par conséquent de faire aucune démarche pour son sort. « A mon âge l'argent ne peut plus me procurer des plaisirs, il ne peut plus que m'épargner des peines. Or, comme se seroit pour moi un sentiment douloureux de voir la compagnie ne pas marquer à M. Deslandes ce qu'elle lui doit de reconnoissance, je prendrai sur moi de l'acquitter. »

753. NANTHIAC (Céline, vicomtesse de), fille du chevalier d'Aydie et de Mlle Aïssé.

L. A. S. (à la marquise de Créqui); 22 mai 1752, 1 p. 1/2 in-4. Charmante épître.

754. WARENS (la baronne de), la protectrice de J.-J. Rousseau.

P. A. S.; Chambéry, 3 août 1754, 1/2 p. in-4.

755. DENIS (Mme), la célèbre nièce de Voltaire.

L. S. à Wagnière, secrétaire de Voltaire, à Ferney ; (Paris), 26 mai (1778), 3 p. in-4, cachet.

Intéressante lettre, écrite quatre jours avant la mort de Voltaire. Elle affirme que son oncle va beaucoup mieux, qu'on espère le conserver, et elle le répète plusieurs fois dans sa lettre. Pour elle, qui avait déterminé Voltaire à venir à Paris pour s'y établir, elle ne paraît s'occuper que de son installation dans l'hôtel que son oncle avait acheté (rue Richelieu). Elle annonce que leur maison sera prête vers le 10 juin, et elle presse Wagnière de lui envoyer de Ferney sa berline, ses livres et les autres objets à son usage. Quant à la bibliothèque de son oncle, on l'enverra sous le nom de M. Lenoir, lieutenant de police.

756. EPINAY (Louise-Florence-Pétronille de La Live d'), l'amie de J.-J. Rousseau, n. 1725, m. 1783.

L. A. à Sedaine; La Briche, 23 avril, 2 p. 1/2 in-4, cachet. Déchirure enlevant quelques lettres.

Très-intéressante lettre où elle le remercie du jugement flatteur qu'il a porté sur son ouvrage, qui ne verra jamais le jour. « Je redoute toute célébrité, et, quand je serois sûre d'un grand succès, ce qui est toujours douteux, je n'imprimerois pas davantage. »

757. EPINAY (Louise-Florence-Pétronille de La Live d').

L. A. à son mari, 4 p. in-4.

Epître des plus curieuses où elle lui expose les motifs qui forcent sa famille à le faire interdire. Piquants détails.

758. HOUDETOT (Elisabeth-Françoise-Sophie de La Live, comtesse d'), l'amie de J.-J. Rousseau, n. 1730, m. 1813.

L. A. S. à Boissy d'Anglas; Saint-Germain, mardi, 1 p. pl. in-8. Jolie pièce.

759. DU BARRY (Marie-Jeanne Gomard Vaubernier, comtesse), la dernière maîtresse de Louis XV, n. 1746, décapitée en 1793.

P. A. S.; Louveciennes, 14 fév. 1784, 1/2 p. in-8 oblong.

Billet à ordre de 2,000 livres.

760. CHOISEUL (la duchesse de), la femme du ministre de Louis XV.

L. A. S.; Chanteloup, 21 sept. 1773, 2 p. 3/4 in-8.

Epître des plus curieuses sur la mort d'un jeune musicien qu'elle avait auprès d'elle. « Ne montrez pas ma lettre : on trouverait ma douleur ridicule. Il n'est permis aux femmes françaises de pleurer que leur chien. »

761. CHOISEUL (la duchesse de).

L. A. S. *La Ve d'Et. Jos. Choiseul*, à M...; Paris, 3 brumaire an VII, 1 p. 1/4 in-4.

Curieuse lettre où elle explique qu'elle a abandonné tous ses biens aux créanciers de son mari, et que si ces derniers n'ont pas été intégralement payés, cela vient des événements révolutionnaires.

762. SAINT-HUBERTY (Anne-Antoinette Clavel, dite), célèbre cantatrice, n. à Strasbourg, 1756, assassinée en 1812.

L. S., 2 p. 1/4 in-4.
Relative à l'habit qu'on lui destine pour le rôle d'*Alceste*.

763. ROLAND (Eudora), fille de Mme Roland.

L. A. à Bosc; 20 nivôse 1795, 3 p. in-4.
Dans sa détresse, elle lui demande des conseils, et s'inquiète surtout pour sa servante qui n'a rien et qui été pleine de dévouement.

DIVERS

764. **PIERRE II DE CORBEIL**, archevêque de Sens, de 1200 à 1222.

> Charte, sur vélin; août 1212, 1 p. in-4 oblong.
>
> Accord fait entre Vital, abbé, et le couvent d'Eschaalis, d'une part, et Bertrand, abbé de Jouy, relativement aux dîmes de certaines terres situées dans la paroisse de Jouy.

765. **COITIER** (Jacques de), célèbre médecin et conseiller de Louis XI, m. 1505.

> P. S., sur vélin; 23 avril 1501, 3/4 de p. in-4 oblong.
>
> Il annonce à son bailli que Jean Le Prevost, clerc en la chambre des comptes, lui a rendu foi et hommage pour certaines terres dépendant de la chatellenie d'Aunay.

766. **THOU** (Nicolas de), évêque de Chartres, qui sacra Henri IV, n. 1528, m. 1598.

> Quitt. sig., sur vélin; 18 mai 1576, 1 p. in-4 oblong.

767. **AUBIGNÉ** (Constant d'), fils d'Agrippa, père de Mme de Maintenon, n. 1584, m. 1645.

> P. A. S.; Maillezais, 26 avril 1611, 1/2 p. in-4.
>
> Reçu de 160 livres tournois que son père (le grand historien) lui a données pour s'en aller en diligence à la Cour.

768. **GRAMONT** (le chevalier Philibert de), dont le beau-frère, Hamilton, a écrit les *Mémoires*, m. 1707.

> L. A. S.; ce vendredi matin, 1/2 p. in-4.
>
> Retard d'une affaire renvoyée à M. de Chamillart.

769. **FERRIOL** (le comte de), ambassadeur à Constantinople, qui acheta Mlle Aïssé.

> L. A. S. à M. de Fontenu ; Paris, 20 oct. 1711, 3 p. pl. in-4.
>
> Il mande qu'à son retour de Smyrne il a été bien reçu par le Roi. Bruits de paix.

770. **AYDIE** (le chevalier d'), l'amant de Mlle Aïssé, n. 1692, m. 1760.

> Dix lettres autographes, dont une signée, à la marquise de Créqui ; 1738-51, 20 p. in-4.
>
> Curieuses lettres. Détails intimes.

771. **AYDIE** (le chevalier d').

> Douze lettres autographes, dont une signée, à la comtesse de Tessé ; 1736-52, 25 p. in-4.
>
> Très-intéressantes lettres où il parle de sa fille et donne des nouvelles de la cour.

772. **LATUDE** (Henri-Masers de), ingénieur, fameux par sa longue détention à la Bastille, n. 1725, m. 1805.

> L. A. S. *Danry*, à la marquise de Pompadour ; la Bastille, 24 déc. 1762, 4 p. pl. in-fol. Un peu froissée.
>
> Prisonnier depuis quatorze ans, sans réponse à toutes les lettres qu'il a adressées à la marquise, il lui demande de nouveau de le faire juger par le Parlement. Il la menace du jugement de la postérité ; les victimes qu'elle retient dans les cachots la feront passer pour un monstre. Puis, devenant plus humble, il la supplie de lui accorder sa grace. « Vo là quatorze années ou cent soixante et cinq mois que vous me faites pourir mon corps entre quatre murailles ; je n'en puis plus : pour l'amour de Dieu, Madame, daignez avoir pitié de moy. »

773. **LATUDE** (Henri-Masers de).

> L. A. S. à M. de Lamoignon ; Paris, 6 oct. 1787, 3 p. in-4.
>
> Il lui témoigne sa reconnaissance de ce qu'il a fait pour sa délivrance, de concert avec Mme Legros.

774. **EDGEWORTH DE FIRMONT** (l'abbé Henri-Allen), confesseur de Louis XVI, qu'il accompagna sur l'échafaud. n. 1745, m. 1807.

> L. A. S. à la comtesse Du Roure ; 23 novembre, 3/4 de p. in-8. Très-jolie lettre.

775. **EDGEWORTH DE FIRMONT** (l'abbé Henri-Allen).

> L. A. S. à la comtesse (Du Roure) ; Paris, 22 janvier, 1 p. pl. in-8.
>
> Il s'excuse de n'avoir pu aller encore la voir et il lui demande un rendez-vous.

776. **EDGEWORTH DE FIRMONT** (l'abbé Henri-Allen).

> 2 L. A. à la comtesse (Du Roure), 2 p. in-8. Curieuses.

777. **MARIGNY** (Abel-François, marquis de), frère de Mme de Pompadour, surintendant des bâtiments, connu par la protection qu'il accorda aux lettres et aux arts, n. 1727, m. 1781.

> L. A., sig. *Vandières*, à l'abbé Leblanc ; Turin, 24 juin 1750, 3 p. 1/4 in-4.
>
> Épître des plus curieuses et fort spirituelle où il parle du catalogue des tableaux du roi de Sardaigne, de l'architecte Soufflot, du peintre De Troy, de Cochin et de Joseph Vernet. Il fait ensuite des réflexions sur un ministre sarde qui est mort de douleur d'avoir été remplacé dans son posté.

778. **VERMOND** (l'abbé Jacques de), précepteur de Marie-Antoinette, n. 1735, m. vers 1799.

> 4 L. A. S. ; 1762 à 1778. 4 p. in-4.

779. CAGLIOSTRO (Giuseppe BALSAMO, dit le comte de), fameux aventurier, n. 1745, m. 1795.

Sa signature *Io Giuseppe Balsamo* sur une lettre autographe du cardinal de ROHAN, si fameux par l'affaire du Collier, adressée à l'archevêque de Lyon; Saverne, 7 décembre 1789, 2 p. 3/4 in-4.

Document fort curieux. Le cardinal de Rohan recommande vivement le comte de Cagliostro. « Vous sçavez comme j'ai toujours parlé de ses excellentes qualités, de son amour pour faire le bien et de ses vertus qui lui ont mérité et captivé l'estime des personnes les plus distinguées de l'Alsace, et de moi mon attachement particulier. Or actuellement que je sçai qu'il est à Lyon sous le nom de comte Phenix, je vous le recommande avec la plus vive instance... » — Cagliostro a mis sa signature au bas de la première page.

780. DUBARRY (Jean, comte), beau-frère de la comtesse Dubarry, dit *le Roué*.

L. A. S. à sa belle-sœur, la comtesse Dubarry, à Luciennes; (déc. 1788), 3 p. pl. in-4, cachet.

Très-curieuse lettre sur le fruit qu'ils doivent tirer de deux heures de conversation que le comte réclame de la comtesse chez le banquier Buffaut. « Mon premier soin, après celui du devoir, sera de vous faire ratraper un niveau de fortune si merité, et comme je le prouverai, si légitime... » Il semble que le comte, après avoir fait une première fois la fortune de sa belle-sœur, voulût la faire une seconde fois.

781. ENFANTIN (B.-Prosper, dit le *Père*), célèbre économiste et réformateur, n. 1796, m. 1864.

L. A. S. *P. E.*, à M. Giraud, à Romans; Paris, 25 mai 1825, 3 p. 1/4 in-4.

Lettre du plus grand intérêt sur la mort de « l'industriel Saint-Simon. » Appréciation du caractère de ce réformateur; raisons pour lesquelles son œuvre n'a pas réussi. — Longs détails sur un journal économique qu'il va fonder avec Rodrigues. Exposé des principes qu'il doit défendre.

782. NORMANDIE (Louis-Perrin de LAGNEU, se disant duc de), le plus célèbre des faux *Louis XVII*.

Proclamation aux Français, imprimée avec une presse clandestine, et portant sa signature autographe; Luxembourg, 6 janvier 1830, 1 p. 1/2 in-4.

Curieuse épître où il revendique contre Charles X ses droits à la couronne, et fait le récit de sa vie et de ses aventures depuis son enlèvement du Temple.

TABLE DES NOMS

CONTENUS DANS CE CATALOGUE

(Les chiffres renvoient aux numéros d'ordre et non aux pages.)

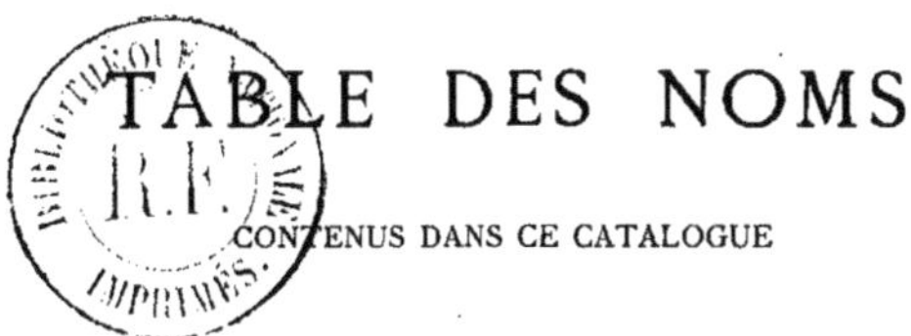

Paris. — Imprimerie Motteroz, 31, rue du Dragon.

Librairie J. CHARAVAY aîné, rue de Seine, 51

PUBLICATIONS DE M. ÉTIENNE CHARAVAY

Notice sur Nicolas Thoynard d'Orléans, publiée d'après les notes de feu J.-Ch. Brunet. Br. in-8 . . . . 2 fr. »

Faux autographes : Affaire Vrain-Lucas. Étude critique sur la collection vendue à M. Chasles, et Observations sur les moyens de reconnaitre les faux autographes. Brochure de 36 pages in-8. Prix . . . . 1 fr. »

Revue des documents historiques, t. I (année 1873-1874), et t. II (année 1874-1875), chaque vol. in-8, orné de fac-simile. Br . . . . 16 fr. »

Collection de lettres autographes et de documents historiques sur le règne de Louis XIII, formée par feu M. A. Pécaud, décrite et précédée d'une Notice. In-8 . . . . 4 fr. »
Quelques exemplaires sur papier de Hollande. . . . . 7 fr. »

L'Amateur d'Autographes, collection complète de 1862 à 1874, contenant les lettres A-K du Manuel de l'Amateur d'autographes. Il ne reste que quelques exemplaires de cette publication. . . . . 120 fr. »

Documents inédits sur Samuel de Champlain, fondateur de Québec. Br. in-8 . . . . 1 fr. 25
Quelques exemplaires sur papier de Hollande. . . . . 2 fr. »

Lettres autographes recueillies par M. J.-L. Boilly, in-8, papier de Hollande, avec huit fac-simile et la liste des prix d'adjudication. (Tiré à 20 ex.). . 12 fr. »

Un duel à Romans en 1769, procès-verbal d'accusation et de condamnation. Br. de huit pages in-8. (Tiré à 75 ex., dont 30 mis dans le commerce). . . . 2 fr. »

Procès criminel intenté contre une sorcière à Moudon en Suisse (mai 1655). Br. de huit pages in-8, sur papier de Hollande teinté, avec titre rouge et noir. Tiré à 100 ex., dont 50 mis dans le commerce) . . . . 3 fr. 50
10 ex. sur papier de couleur. . . . . 7 fr. »

Jean Lemaire de Belges, indiciaire de Marguerite d'Autriche, et Jean Perréal, pourtraicteur de l'église de Brou. Br. in-8, sur papier de Hollande teinté, avec fac-simile. (Tiré à 100 ex.). . . . . 5 fr. »
10 exemplaires sur papier de couleur. . . . . 10 fr. »

Jean d'Orléans, comte d'Angoulême, notice avec des notes. Br. in-8. (Tiré à 35 exemplaires) . . . . 3 fr. »

Diderot et Fréron, documents sur les rivalités littéraires au xviiie siècle. Br. in-8. (Tiré à 30 exemplaires) . . . . 2 fr. »

La Famille messine des Praillon, notice accompagnée de documents inédits. Br. in-8. (Tiré à 30 exemplaires) . . . . 2 fr. 50

En souscription : **Supplément à l'Isographie des hommes célèbres.**

Les publications de M. Étienne Charavay *se trouvent aussi chez* M. A. Lemerre, 27, *passage Choiseul.*

PUBLICATIONS DIVERSES

Les Poëmes de Jules Breton, étude par Anatole France. Br. de quatre pages in-8, fac-simile. (Tiré à 30 ex.). . . . . 2 fr. »

Les Portraits de Mérimée, notice par Maurice Tourneux. Br. de quatre pages in-8, fac-simile. (Tiré à 30 ex.). 1 fr. 50

Recherches sur Mathurin Regnier, par Ernest Courbet. Br. de quatre pages in-8, fac-simile. (Tiré à 40 ex.). . . . . 2 fr. 50

Bernardin de Saint-Pierre et la princesse Marie Miesnik, notice par Anatole France. Br. de quatre pages in-8. (Tiré à 10 ex.). . . . . 2 fr. »

Recherches sur Noël du Fail, par Félix Frank. . . . . 2 fr. 50